브이노믹스
기업생존전략

| 보스턴컨설팅그룹 뉴노멀 전략리포트 |

브이노믹스 기업생존전략

보스턴컨설팅그룹 코리아 오피스 지음

토트

황량한 거리 풍경이 어느덧 익숙해져 갑니다. 코로나19 여파로 문 닫은 상점, 공실이 된 상가, 열었지만 멍하니 핸드폰만 들여다보고 있는 업주들…. 무너져 내리는 자영업자, 일자리를 잃은 직장인, 학교에 가지 못하고 고립되는 아이들이 도처에서 괴로워하고 있습니다. 하지만 어떤 가게는 밀려드는 배달 주문을 소화하지 못해 즐거운 비명을 지릅니다. 여행이나 외식에 돈을 쓰지 못하게 된 사람들이 집 꾸미기라는 새로운 취미를 갖게 되면서 인테리어 기업이 호황을 누립니다. 코스피 지수는 사상 처음으로 3000을 넘어섰습니다. 반도체 기업 삼성전자는 팬데믹의 정점인 2020년 3분기 사상 최대 매출을 기록했습니다. 빅테크 플랫폼 네이버와 카카오는 코로나19 확산이 본격화된 2분기 이후 실적 발표 때마다 사상 최대 매출과 영업이익 기록을 갈아 치웁니다.

비현실적인 이 동시성은 대체 무엇 때문일까요? 2020년 1월 우리나라에서 첫 코로나19 확진자가 나온 이후 1년 동안, 사람들은 많은 일을 겪었습니다. 처음에는 갑작스런 위기에 모두 정신이 없었지만 비상이 일상으로 굳어지니 점차 알게 된 것이 있습니다. 코로나19는 단순한 위기가 아니라 가속 촉매였음이 명확해졌습니다. 무엇을 촉진시킨 것일까요? 바로 양극화와 극단의 효율성입니다. 시대의 트렌드와 사람들의 요구에 부합하는 것은 앞으로도 수요가 더욱 늘어날 것입니다. 그리고 그 곡선의 기울기는 이전에는 ×2, ×3이었지만 이제는 디지털이라는 지렛대 덕분에 거듭제곱이 되었습니다. 경쟁력이 없는 산업이나 기업은 점점 쇠퇴할 것이고 쇠퇴 속도 역시 전례 없이 빠릅니다. 이런 상황에서 열린 사고를 하지 않으면 개인이나 기업 모두 스스로 도태됩니다. 내가 또는 우리 조직이 기존에 하고 있던 것, 알고 있던 것이 세상의 변화 속도보다 느릴 수 있음을 인정하고 귀와 마음을 열어야 합니다. 극단의 효율을 추구하는 게임에서 양극화를 극복하는 실마리나 키워드는 결국 '디지털'입니다. 모든 것이 바이러스 때문만은 아닙니다. 갑작스런 위기 때문에 극단적인 속도로 미래가 훅 닥쳐왔을 뿐, 변화는 이미 다가오고 있었습니다. 지금 도태되지 않기 위해서는, 이기는 기업으로 남기 위해서는 무엇을 해야 할 것인지 우리는 이 책을 통해 논의를 시작하고 싶었습니다.

파트 1에서는 위기 극복을 위한 생존전략으로서의 턴어라운드에 대해 이야기했습니다. 적자 기업이 이익을 내는 기업으로 돌아서는 좁은 의미가 아니라 격변의 시대에 응당 기업이 이루어내야 할 구조적 변화라는 관점에서의 턴어라운드입니다. 하던 방식대로 하는 '관성'에서 벗어나기, '깊은 변화'로 가는 고통스러운 과정 끝에 있는 성공의 열매

나누기 등 각기 처한 상황이 다른 기업이 진짜 변화를 이끌어내기 위해 중점을 둘 핵심 요소와 공통 요소를 제시합니다.

"시대의 변화를 잘 모를 수 있다, 고객을 알지 못하며 우리의 계획은 완벽할 수 없다"는 전제에서 출발하는 것이 애자일입니다. 파트 2에서는 왜 기존의 많은 기업이 애자일 조직으로의 변신을 시도했으나 확산에 실패했는지, 장애물을 넘어 애자일 조직을 성공적으로 도입한 기업에는 어떤 비결이 있는지를 소개합니다.

파트 3과 파트 4에서는 일의 미래와 제조업의 미래를 그려 보았습니다. 구체적인 방법론과 변화를 가능하게 하는 요소, 이를 위한 조직에 관해 얘기하는데 다른 파트보다 다소 추상적이라고 느낄 수 있습니다. 이는 미래를 탐구하는 시도에 가깝기 때문입니다. 실제 미래상을 정확히 맞히지 못해도 미래로 나아가기 위해 그 한 조각을 탐구하는 행동은 언제든지 의미 있는 시도이자 유익한 일입니다. 부분이 모여서 전체를 만들고 변화 또한 작은 조각이 쌓여서 일어나는 것이지 단숨에 변하는 것이 아니기 때문입니다.

파트 5, 6, 7, 8에서는 구매, 프로젝트 관리, 가격정책, 세일즈 등 기업에서 매일 일어나는 핵심 기능을 어떻게 재탄생시킬 것인가에 대해 논의합니다. 가장 구체적이고 실무적인 내용이지만 다른 파트보다 낯설게 느끼는 독자도 있을 것 같습니다. 특히 현재 기업에서 해당 업무를 하고 있거나 경력 실무자 및 관리자에게는 오히려 생경할 수도 있습니다. "가격정책은 그렇게 하는 게 아니야, 내 머릿속에 다 있어", "현장은 복잡해야, 내가 제일 잘 알지, 데이터는 무슨!" 기업 자문 현장에서 우리가 흔히 듣는 이야기입니다. 매일매일 제대로 돌아가지 않으면 기업이 멈추기 때문에 오히려 변화가 더 어려운 기능입니다. 디지털을 지렛대로 실제 변화를 이룬 다른 기업 사례와 함께 매우 구체적인 액션 플랜을 제시했습니다.

마지막 파트 9 스마트 시티는 기업에 관한 직접적인 이야기는 아니지만 우리 삶을 통째로 바꿀 수 있는 공간의 미래에 관한 내용입니다. 머무는 공간인 도시가 바뀐다는 것은 사실 모든 것이 바뀐다는 뜻이며 기업은 여기서 수없이 다양한 비즈니스 기회를 창출할 수 있으므로 꼭 염두에 두어야 할 미래의 중요한 변화 중 하나입니다.

바이러스와 더불어 혼비백산했던 1년이 지나고 2021년 초, 우리는 시즌 2를 시작하고 있습니다. 코로나19에 시달리며 인류가 얼마나 나약한 존재인지를 깨달았지만 놀라운 적응력 또한 확인했습니다. 이 시기를 위기보다는 변화로 해석하고 기존 수요가 사라지면 반드시 새로 창출되는 수요가 있음을 알고 대비할 때만 기회를 잡을 수 있습니다. 지금도 어떤 기업은 소리 없이, 치열하게 변화에 적응하고 준비합니다. 이미 눈앞에 펼쳐지기 시작한 신세계에서 과실을 따는 기업이 대한민국에서 더 많이 나오기를 바라며 그 여정에 우리가 도움이 되고 함께할 수 있기를 바랍니다.

보스턴컨설팅그룹 코리아 오피스 공동 집필 팀

차 례

PART **3** **미래의 기업이 일하는 법**

PART **4** **경제와 환경, 두 마리 토끼 잡는 미래의 공장**

PART 8 감염병 시대, 어떻게 판매할 것인가?

PART 9 스마트 시티가 바꾸는 우리의 미래

갑자기 다가온 미래와 위기

위기 극복을 위한 생존 전략, 턴어라운드

턴어라운드는 무엇이 다를까?

턴어라운드는 생각보다 가까이에 있다

턴어라운드를 어렵게 하는 장애물

턴어라운드 핵심 성공 공식

PART 1

코로나19 시대,
왜 턴어라운드인가

갑자기 다가온 미래와 위기

코로나19 바이러스는 우리 삶을 완전히 뒤바꾸어 놓았다. 마스크를 안경처럼 쓰고 다니는 일이 일상화되고 어른은 일터에, 아이는 학교에 못 가는 현실을 누가 상상이나 했을까? 더욱이 세계경제는 치명타를 입었다. 사회적 거리두기와 봉쇄 조치로 상점, 기업, 공공 기관 영업이 중단되며 고용에 막대한 영향을 미쳤고 금융시장이 요동치며 전 세계 GDP가 감소했다. 2020년 예상 GDP 성장률은 마이너스 4.3퍼센트(세계은행)로 2008년 경제 위기 때보다 더 낮다. 하루 1.9달러 미만으로 생활하는 극빈층 수가 20여 년 만에 처음 증가할 것으로 예상된다.

백신 보급이 시작되긴 했지만 이는 '끝의 시작'일 뿐, 하루아침에 이전의 삶으로 돌아갈 방법은 아니다. 긴 여정 끝에 바이러스가 종식되어도 변종에 대한 두려움은 계속 상존하며 손소독제는 어디에나 비치

되고 사람이 모이는 곳에는 항상 마스크를 쓴 사람이 있을 것이다. 배달, 온라인 쇼핑, 재택근무 등 '언택트 라이프'는 계속되거나 더 확대될 것이다. 기업은 비대면 영업을 위한 영업 자료 및 제품 시연 디지털 콘텐츠화 등 영업 현장의 변화와 생산 모니터링 및 긴급 조치 등에 대한 원격 관리, 통제 시스템 도입 등 생산 현장의 변화를 함께 추진해야 한다. 개인은 랜선 환경에 적응하지 못하면 생존할 수 없고 이런 변화에 기민하게 대응하지 못한 기업 역시 실적이 급강하거나 결국 도태될 것이다.

위기 극복을 위한 생존 전략, 턴어라운드Turnaround

하지만 모든 것이 바이러스 때문만은 아니다. 사실 경쟁 환경의 변화는 이미 진행되고 있었다. 다만 코로나19 바이러스는 시계바늘을 확 앞당긴, 이미 진행되던 '변화' 또는 '위기'를 촉진시킨 촉매일 뿐이다.

급변하는 환경에서 기업은 무엇을 우선순위에 두어야 할지 우왕좌왕, 갈피를 잡기가 힘들다. 이 시점에서는 턴어라운드가 중요하다. 일반적으로 경영학에서 턴어라운드는 '이익, 주로 영업이익이 적자인 회사를 흑자로 전환시키는 활동'을 의미하며 흔히 매출원가나 판매비, 관리비 등 영업비를 절감해 수익성을 높이는 방식으로 구현된다. 또 이자 비용 등 영업외비용을 줄이고 재무적 요소를 개선해 당기순이익을 제고하는 활동을 포함하는 경우도 있다. 하지만 최근에는 턴어라

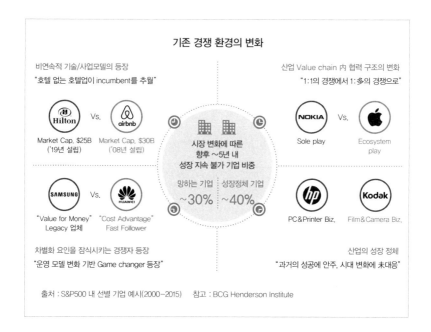

기존 경쟁 환경의 변화

비연속적 기술/사업모델의 등장
"호텔 없는 호텔업이 incumbent를 추월"

Hilton
Market Cap. $25B
('19년 설립)

Vs.

airbnb
Market Cap. $30B
('08년 설립)

시장 변화에 따른
향후 ~5년 내
성장 지속 불가 기업 비중

망하는 기업
~30%

성장정체 기업
~40%

산업 Value chain 內 협력 구조의 변화
"1:1의 경쟁에서 1:多의 경쟁으로"

NOKIA
Sole play

Vs.

Ecosystem
play

SAMSUNG
"Value for Money"
Legacy 업체

Vs.

HUAWEI
"Cost Advantage"
Fast Follower

차별화 요인을 잠식시키는 경쟁자 등장
"운영 모델 변화 기반 Game changer 등장"

hp
PC&Printer Biz.

Kodak
Film&Camera Biz.

산업의 성장 정체
"과거의 성공에 안주, 시대 변화에 未대응"

출처 : S&P500 내 선별 기업 예시(2000-2015)   참고 : BCG Henderson Institute

운드라는 용어가 더욱 폭넓게, 보다 적극적인 의미에서 사용되는 추세다. 기업 경영 활동에서 나타나는 실패 또는 문제를 찾아 이를 해결하기 위한 큰 구조적 변화를 시도하는 일을 턴어라운드라고 지칭한다. 보스턴컨설팅그룹BCG은 기업이 다음과 같은 상황에 처한다면 지체 없이 턴어라운드 활동에 나서야 할 중요한 시기로 정의한다.

① 경영 실적 측면 : 실적의 정체나 감소, 위기 상황에 직면, 주가 하락, 총주주수익률Total Shareholder Return; TSR 감소 등
② 외부 환경 측면 : 경쟁사 대비 실적 저조, 적대적 투자자Activist의 지분 취득 등

③ 내부 환경 측면 : PMI^{Post-merger Integration, 인수 합병 후 통합}, 내부 조직 간 비효율, 기존 경영 방식 개선에 대한 경영진의 수요 등

즉, 반드시 적자가 지속되는 상황만이 아니라 실적이 정체되거나 회사 대내외적으로 큰 변화가 있고 이로 인해 위기 상황이 올 것으로 보일 때 취해야 하는 빠르고 가시적이며 지속 가능한 경영 성과 개선 활동이 곧 턴어라운드인 것이다.

적대적 투자자의 자본 취득 상황

적대적 투자자는 주로 취약한 재무구조, 지배 구조governance 상태에 빠진 기업의 지분을 취득한 후 해당 기업의 경영 활동주주총회 등에 영향력을 행사하여 투자 지분의 단기 수익을 높인다. 그렇기 때문에 만약 적대적 투자자가 어떤 회사의 지분 취득을 높인다면 곧 취약한 재무구조 상황을 공략할 것이므로 해당 회사는 지체하지 말고 재무구조를 개선하기 위한 전사적 턴어라운드 활동을 추진해야 한다. 그렇지 않으면 기존 경영 전략 및 방향은 길을 잃거나 남의 손에 휘둘리는 괴로운 상황에 빠질 수 있다.

아이칸의 공격을 받은 미국 IT 클라우드 서비스 기업 A가 좋은 사례다. A사는 2017년 기업공개를 했고 이를 통해 25억 달러의 기업 가치를 보유하고 있었다. 초고속 성장을 했으며 두 차례의 인수 합병을 통해 규모를 더 키우고 있었다. 그러나 빠른 확장에 따른 부작용으로 늘어난 투자만큼 매출이 따라오지 못해 수익성이 하락했고 동시에 주가도 하락했다. 틈을 놓치지 않고 '행동주의 투자자' 또는 '기업사냥꾼'으로 불리는 아이칸이 지분을 사들였다. 지분을 18%까지 늘린 아이칸은 경영에 간섭하기 시작했다. A사는 빠르게 단기 비용 절감을 추진하고 동시에 상품 혁신, 신규 고객 창출 활동을 통해 재무구조를 개선했다. 지금은 아이칸이 경영에 간섭할 수 있는 여지를 최소화하여 안정적인 경영 활동을 펼치고 있다

턴어라운드는 무엇이 다를까?

기업이 '깊은 변화'를 추진하는 이유나 방법은 다양하다. 이를 일컫는 말 역시 기업 개선 활동, 혁신, 트랜스포메이션transformation 등 여러 가지다. 수많은 변화 추구 활동 중에 굳이 턴어라운드를 강조하는 이유는 무엇일까?

골프나 테니스 선수에게 자주 발생하는 '테니스엘보Tennis Elbow'라는 질병이 있다. 팔꿈치 부위에 무리한 힘이 반복적으로 가해지면서 염증과 통증이 나타나는 것이다. 염증으로 인해 나타나는 증상이므로 해당 부위에 염증 완화 연고를 바르거나 주사를 놓으면 증상이 완화되지만 가장 좋은 치료법은 휴식이다. 통증이 없어질 때까지 팔꿈치에 충격을 주는 동작을 삼가고 휴식을 취하면 증상은 사라진다. 하지만 테니스엘보는 재발이 잦다. 충분한 휴식으로 통증이 사라져도 다시 운동을 시작하면 금세 재발한다. 이유는 간단하다. 팔꿈치 염증의 원인이 된 스윙 습관이 바뀌지 않았기 때문이다. 팔꿈치에 충격을 주는 자세를 교정하지 않은 상태로 운동을 계속하면 해당 부위에 다시 염증이 생길 수밖에 없다.

근원적으로 이 문제를 해결하려면 스윙 메커니즘을 바꾸어야 한다. 그런데 중요한 것은 스윙 메커니즘은 팔뿐 아니라 어깨, 허리, 골반, 무릎, 다리와 발까지 연결된 인체의 유기적인 움직임이라는 점이다. 팔의 움직임만 교정하면 이후 허리나 다리 등 다른 부위에서 말썽이 일어날 가능성이 높다. 그러므로 테니스엘보를 '영속성 있게' 고치려면 전신이 유기적으로 무리 없이 움직이도록 몸 전체의 움직임을 바꾸어야 한다.

턴어라운드는 몸 전체의 움직임을 교정하는 것과 같이 근원적인 개선 활동을 추구하는 것이다. 적자 탈출, 비용 절감, 신시장에서의 매출 창출 등 기업이 달성하려는 최종 목표가 무엇이든 턴어라운드는 풍선 효과가 생기지 않게 '부분 최적화'가 아닌 '전체 최적화', '일시적' 처방이 아닌 '지속 가능성'을 근간에 두고 추진하는 변화다.

비용 절감을 목표로 하는 기업이 있다고 가정해보자. 비용을 줄인다고 구매 비용만 일방적으로 줄이는 조치를 취한다면 어떤 일이 발생할까? 즉, 구매 조직의 평가 및 성과 보상 기준을 '전년 대비 구매비 절감 비율'로 일원화시켜 강하게 밀어붙인다면? 단기적으로 구매 팀 조직원은 높은 성과급을 받기 위해 구매비를 줄이는 모든 노력을 할 것이다. 그 결과 전년 대비 매우 높은 비용 절감 효과를 누릴 수 있을지도 모른다. 그러나 시간이 지나면서 점진적으로 원재료의 품질은 떨어지고 낮은 원재료 품질을 커버하며 양품을 제조하기 위해 자사의 제조비가 증가한다. 또는 자사의 제품 품질이 저하되어 고객의 품질 클레임 비용이 커지거나 고객과의 거래 관계가 끊어져 매출이 감소하는 제로섬 결과를 가져올 수 있다. 단순히 팔의 움직임만 교정한 채 골프나 테니스를 계속하면 팔꿈치는 나아져도 다른 곳이 아프게 되는 것과 같은 이치다.

턴어라운드를 추진할 때는 관련된 모든 조직에 미칠 영향을 평가하고 각각의 트레이드오프(2개의 정책 목표 가운데 하나를 달성하려고 하면 다른 목표의 달성이 늦어지거나 희생되는 경우의 양자 관계)까지 감안해 전체가 최적화된 솔루션을 도출하는 것이 중요하다. 또한 변화 이후 다시 예전으로 돌아가려는 요요 현상이 나타나지 않도록 기업 문화, 정책, 프로세스, 시스템, 조직, KPI 등의 변화도 함께 추진해야 한다.

물론 기업의 모든 변화 활동이 이렇게 거창할 필요는 없다. 팔꿈치에 가벼운 상처가 생겼을 때는 상처 부위에 연고를 바르는 것만으로도 충분히 치료할 수 있는 것처럼 특정 기능이나 조직 내부 문제가 발생했을 경우에는 그 이슈에 대한 직접적인 솔루션만으로도 충분하다. 그러나 환경의 급격한 변화, 외부에서 기인한 거대한 챌린지 상황 등은 이런 국소 처방으로는 해결할 수 없다.

턴어라운드는 생각보다 가까이에 있다

최근 경영 환경은 이전과는 비교도 할 수 없을 만큼 복잡하고 대응하기 까다롭다. 현재 기업이 직면한 대표적인 경영 환경의 변화 요인은 다음과 같이 요약할 수 있다.

변동성 확대 (Increased volatility)	점점 치열해지는 경쟁 상황과 자연재해 혹은 경제 위기 등과 같이 치러야 할 대가가 큰 극단적인 사건이 시장에 큰 변화를 유도
디지털 혁신 (Digital disruption)	여러 산업 분야에 걸쳐 개인의 상호작용 방식, 고객의 기대, 업무 방식 등을 근본적으로 바꾸는 디지털 혁신

규제 확대 (Increasing regulation)	규제 종류와 복잡성이 증가함에 따라 어려워지는 기업 계획과 운영
지정학적 리스크 (Geopolitics)	점점 더 복잡해지는 지정학적 상황으로 인해 인식 자체를 바꾸어야 하는 글로벌 기업의 리스크
공공비 지출 압박 (Public spending pressure)	정부 관련 비용의 증가로 인해 예산이나 프로그램의 삭감 요구
제조 이코노믹스 (Manufacturing economics)	물류와 노동비의 변동성과 복잡한 공급망으로 인해 어디서 생산하고 무엇을 아웃소싱할 것인가에 대한 공식 변화
에너지 다이내믹스 (Energy dynamics)	지정학적 이슈와 기술 진보, 에너지원의 변화 등으로 인해 글로벌 에너지 분야의 급변하는 지형
다른 속도가 공존하는 세계 (Two speed world)	저비용 국가와 선진국 시장에서 경쟁하는 데 있어 서로 다른 접근 방식 필요

대한민국 기업 입장에서 몇 가지 산업별 사례를 통해 이러한 변화가 어떤 양상으로 나타나는지 살펴보자.

(1) 디지털 혁신

제조업에서는 인공지능^{Artificial Intelligence; AI}과 머신러닝을 통한 제조 혁신이 큰 화두가 되고 있다. 실제 제조 현장을 미러링한 가상의 제조 현장을 운영함으로써 발생 가능한 이슈를 미리 예측하거나 대응 상황을 미리 준비하는 '디지털 트윈Digital Twin', 제조 현장에서 발생하는 소리와 불량률 사이의 상관관계를 머신러닝을 통해 학습하여 불량이 발생할 가능성을 미리 감지하고 공정을 멈추는 '예방적 장애 분석Preventative Failure Analysis', 이와 유사하게 제조 설비의 고장 가능성을 미리 감지하고 자체적으로 정비하는 '예방적 유지 보수Preventative Maintenance' 등 다양한 기술이 실제 적용되고 있다. 이러한 변화를 따르지 못하는 업체는 경쟁사에 비해 운영 비용 측면에서 뒤처질 수밖에 없다.

아마존은 AI, 머신러닝, 빅데이터 등을 결합하여 세계 최초의 무인 매장 '아마존고'를 운영 중이다. 이와 유사한 저비용 무인화 매장이 국내 시장에 진출할 채비를 갖추고 있어 가뜩이나 침체된 국내 유통시장에 위협이 될 것으로 보인다.

4G/5G 네트워크, 무료 와이파이 범람, 다양한 모바일 기기의 확산 등 디지털 혁신이 리스크 관리 체계의 변화를 야기하기도 한다. 국내 건설사가 브라질에서 빌딩을 건설하는 상황을 가정해보자. 한 공사 인부가 안전모를 쓰지 않아 사망 사고가 났다. 과거에는 해당 건설사에 관리 감독 소홀로 벌금을 부과하는 선에서 그쳤을 것이다. 지금은 단 몇 분 만에 전 세계 모든 시민에게 이 사실이 퍼질 수 있다. 해당 건설사는 평판에 심각한 타격을 입게 된다. 대한민국 본사 경영진 입장에서는 지구 반대편에 있는 공사 현장의 인부 한 명이 가져올 수 있는 리스크를 어떻게 관리해야 할지 막막할 수밖에 없다. 현재의 리스크 관리 체계는 과거와 심각하게 다른 수준을 요구한다.

(2) 규제 확대

2023년 1월, 새로운 국제보험회계기준^{IFRS17}이 시행될 예정이다. 새로운 회계기준의 가장 큰 특징은 미래에 지급해야 할 보험금에 대비하여 적립해두어야 하는 '책임준비금'의 평가 기준을 원가^{계약 시점}에서 시가^{평가 시점}로 변경한다는 데 있다. 금리가 낮아질수록 보험사가 준비해야 할 책임준비금은 커지므로 현재와 같은 초저금리 기조에서 보험사는 막대한 책임준비금을 추가로 적립해야 한다. 특히 과거 고금리 기준으로 한 계약의 비중이 높은 보험사일수록 더 큰 위협에 맞닥뜨리게 되었다.

자동차 제조업에서 자율 주행 기능은 이제 선택이 아닌 필수로 자리 잡아가고 있다. 이에 따라 ISO 26262, AEC-Q100 등 새로운 안전성, 신뢰성 규격의 인증 절차 또한 반드시 필요하다. 그러나 이런 인증은 상위 수준의 가이드에 가까워 이것만으로는 자율 주행 차량이 사고가 날 경우 제조업체에 귀책사유가 없다는 것을 증명하기에 충분하지 않다. 그러므로 제조업체 자체적으로 이에 대한 준비가 필요하다. 제대로 대응하지 못할 경우 그만큼 미래의 리스크가 높아질 수밖에 없다.

(3) 제조 이코노믹스

중국 정부는 지난 2015년 '중국제조 2025'라는 제조업 부흥 전략을 발표했다. 이후 제조 초강대국이자 기술 선도국이 되겠다는 목표 아래 핵심 기술과 인재 확보에 발 벗고 나섰다. 국내 제조업체는 기술 및 인재 유출의 위험에도 불구하고 생산 비용 절감을 위해 중국으로의 시설 이전을 고려할 수밖에 없는 상황에 처했다.

(4) 다른 속도가 공존하는 세계

인도의 휴대폰 시장은 두 자릿수 성장을 지속하고 있으며 앞으로의 성장 잠재력도 매우 크다. 그러나 플래그십 스마트폰의 점유율은 매우 낮고 오포OPPO나 비보VIVO 등 가성비 위주의 스마트폰이 높은 비중을 차지하고 있다. 애플이 보급형인 SE 모델을 출시하며 중저가 시장 공략에 나섰으나 SKUstock keeping unit, 재고관리 최소 단위 증가로 관리 비용은 증가했지만 소수 모델을 운영함으로써 선택의 폭은 크게 넓히지 못해 이렇다 할 효과를 거두지 못했다. 최근 애플은 이전 세대 제품을 유지하는 방식으로 중저가 시장을 공략하고 이를 위해 신제품을 포함한 전체 제품 간에 충돌이 발생하지 않도록 가격 및 프로모션 관리를 철저히 하고 있다. 과거 제품에는 별도의 OS 및 소프트웨어 인력을 배치하여 이에 대한 운영 관리에도 신경 쓴다. 그러나 국내 기업을 포함한 다른 업체는 이런 전략 및 운영 체계를 갖추기가 쉽지 않다. 가전 기업의 경우에도 이머징마켓의 특수성을 반영한 제품 출시 및 관리 이슈가 존재한다. 이렇게 점점 커지고 있는 관리 복잡도를 얼마나 줄일 수 있느냐가 글로벌 경쟁에서의 중요한 화두가 되었다.

한국은행이 발표한 2018년 대한민국의 GDP 성장률은 2.9퍼센트로 2012년 이후 최저치를 기록했다. 2019년에는 2.0퍼센트로 더 낮아졌으며 2020년에는 마이너스 1.1퍼센트로 코로나19로 인한 역성장이 예상된다. 국내 시장의 성장 둔화로 인해 많은 기업이 내수 중심에서 수출로, 그룹 내 인하우스 매출 중심에서 외판으로 전략을 수정해야 하는 상황이 되었다. 그러나 이는 영업 인력의 재배치, 공급망 관리의 확장 및 재편 등 많은 과제를 동반하는 난이도 높은 문제다. 새로운 투자에 대한 투자대비수익률^{ROI} 확보도 쉽지 않다. 수출과 외판 확대라니, 무슨 60~70년대 얘기냐고 묻는 사람도 있을 수 있다. 하지만 '라떼는 말이야~' 이야기가 아니다. 자동차 업계는 전장화(자동차의 전자 장비화, 전기 차나 자율 주행 등 전자 장비가 차량 내로 확대됨을 의미)로 인해 국내 1차공급사^{tier 1}와 반도체 업체에게는 새로운 해외 자동차 제조업체^{OEM}에게 제품을 수출 및 외판할 수 있는 큰 기회가 열렸다. 국내 산업 장비·기계 업체는 국내 시장 수요의 한계로 인해 수출과 외판에 사활을 걸었다. 국내 유통사 역시 국내 시장의 포화 및 시장 감소로 인해 동남아 국가 등 새로운 시장으로의 진출을 지속적으로 도모한다. 수출과 외판은 지금 현재 국내 기업이 치열하게 마주한 '현재진행 현장'이다.

특히 코로나19는 위에 열거한 변화 요인에서 '변동성 확대'에 해당하는 변화 요소이면서도 '지정학적 리스크', '공공비 지출 압박(백신과 치료제에 많은 비용을 지출함에 따라 각국 정부는 산업 부양 정책에 사용하려던 예산을 줄이거나 집행을 미룰 가능성 존재)', '제조 이코노믹스' 요소를 더 가중시키는 요인이 될 것으로 예상된다. 대부분의 기업은 이런 변화에서 자유롭기 어려우므로 턴어라운드는 강 건너 불구경일 수 없는, 생각보다 가까이에 있는 활동인 것이다.

턴어라운드를 어렵게 하는 장애물

많은 기업이 턴어라운드를 추진하지만 항상 성공하지는 못한다. 매출 1조 원 규모의 하이테크 설비 제조업체인 A사 사례를 보자. A사는 특수 관계사에 설비를 납품하는 회사로 관계사 이외에는 거래처가 거의 없었다. 매출이 특수 관계사에 집중되다 보니 A사의 성장성은 거의 특수 관계사의 성장을 따라가는 상황이었고 A사가 아무리 열심히 노력해도 결국 특수 관계사의 실적이 좋지 않으면 곧바로 주문량이 줄고 실적이 동반 하락하는 구조였다. 결국 A사는 관계사 의존도를 줄이기 위한 턴어라운드 활동을 추진했다. 연구 개발R&D을 통해 새로운 제품을 개발하고 새 거래처 발굴을 위해 영업 인력과 역량을 확대하는 등 다방면에서 노력을 기울였다.

  그러나 외판의 문은 쉽게 열리지 않았다. A사는 외판에 적극적으로 나선 이후에야 자사의 설비 가격이 경쟁업체에 비해 터무니없이 비싸다는 사실을 알게 되었다. 경쟁업체의 원가는 A사 원가의 절반에 가까운 수준이었고 제품 기능과 스펙은 특수 관계사에 맞춰져 있어 다른 고객에게는 적합하지 않았다. 영업 조직은 "가격 인하와 기능 및 스펙 변경 없이 외판은 불가능하다"고 했다. R&D 조직은 "원자재 가격을 낮추지 않고서는 경쟁업체 수준의 원가에 맞는 제품은 개발할 수 없다"고 했다. 구매 조직은 "R&D 조직이 요구하는 품질과 성능을 보장하는 원자재 공급업체는 현 수준의 납품 단가가 최선이라고 이야기한다"고 했다. 이러지도 저러지도 못하는 상황이었다. 수많은 장애물의 존재만 확인한 채 턴어라운드 활동을 접을 위기에 처했다. 결국 A사는 한참이 지난 후 외부 전문가와 함께 강도 높은 턴어라운드 프로젝트를 진행해 이제 성공적인 턴어라운드 국면을 맞이하고 있다.

무엇이 턴어라운드의 성공을 막는가? BCG가 다수의 턴어라운드 프로젝트를 진행한 경험에 따르면 다음과 같은 장애물이 턴어라운드의 성공을 막는다.

(1) 권한과 책임의 장벽

임직원은 모두 회사의 발전을 위해 자신의 자리에서 최선을 다해 고민하고 노력한다. 그러나 상위 관리자를 설득해야 하거나 유관 부서의 이슈와 관계되는 등 자신의 권한과 책임을 넘어서면 이야기는 달라진다. 미움을 받거나 갈등을 초래할 가능성이 있는데 먼저 나서 조직의 변화에 앞장서는 용감한 사람은 찾기 힘들다.

국내 전자 제품 모듈을 만드는 B사는 수요가 줄어들기 시작함에 따라 원가를 낮춰야 하는 상황에 직면했다. 상황을 파악해보니 구매 조직은 품질이 원하는 기준에 맞는 공급업체가 국내에 2개밖에 없어서 비싸게 구매할 수밖에 없다고 하고 품질 조직은 영업이 고객에게 받은 스펙을 충족하기 위해서는 높은 품질 기준을 적용할 수밖에 없다고 한다. 제조 팀은 품질 기준을 충족하기 위해서는 중복 검사 및 클리닝 작업이 필요하다고 했고 영업 팀은 한 번이라도 품질 사고가 나면 고객을 바로 잃기 때문에 어쩔 수 없는 상황이라고 했다. 문제는 고객에게 납품하는 품질을 유지하기 위해 구매, 제조, 품질 팀이 쏟는 노력이 적정한 수준인지, 과도한 엔지니어링이 없는지를 누군가 나서서 검토해야 하는데 누구도 그 일을 하지 않는다는 것이었다. 자신의 부서만 바뀌는 것이 아니라 다른 부서와 협력하여 전체를 바꿔 나가야 하는 일이므로 남의 부서에 불편한 이슈를 제기하거나 갈등을 일으키고 싶지 않았던 것으로 보인다.

(2) 회사 내부에 갇힌 시각

모든 사업에는 생태계Ecosystem가 존재한다. 공급업체, 협력업체, 고객 등 여러 이해관계자가 가치 사슬상에 공존하고 있지만 많은 기업이 턴어라운드 솔루션을 자사 내부에만 한정해서 고려하는 경향이 있다. 특히 하위 공급업체를 자사의 이익 달성을 위한 수단으로만 생각할 경우, 턴어라운드 성공에 필요한 '윈윈'을 하기 어렵다.

C사는 소비재 제품을 제조하는 제조업체다. C사는 자사 공장의 가동률에 여유가 있으면 협력업체에게 반제품으로 원자재를 받아서 제품을 완성하고 가동률이 가득 차면 협력업체에게 거의 완제품에 가까운 반제품을 받아 최종 공정만 거쳐서 제품을 완성했다. 얼핏 보기에는 큰 문제가 없는 것 같지만 C사와 협력업체의 공장을 하나의 개체로 보면 양쪽 모두 중복된 공정을 가지고 있기 때문에 설비와 인력의 중복이 발생하고 두 회사 모두 유사시 대응할 수 있는 예비 생산능력

이 있다는 문제가 있다. 즉, 협력업체의 공급 원가에는 이러한 비용이 반영되기 때문에 협력업체 구매 가격은 올라가고 C사 입장에서도 중복된 설비, 인력 비용이 추가로 들어가고 있는 것이다. 하지만 대부분의 기업이 협력업체까지 큰 틀에서 하나의 공동체, 동일 개체로 보고 전체 최적화를 추구하는 경우는 찾기 어렵다.

(3) 낮은 성과 보상

큰 변화를 추진하기 위해서 필요한 노력과 리스크는 정말 크지만 그에 비해 성공 확률은 낮고, 성공 확률이 낮은 만큼 실제 들인 노력보다 성과에 대한 보상을 받기 어렵기 때문에 턴어라운드에 투입된 임직원이 혼신을 다해 참여하는 경우는 찾아보기 어렵다.

D사는 새로운 산업으로 사업을 확장하기 위해 새로운 조직 체계를 갖추고 기존 사업은 점진적으로 캐시 카우cash cow 역할로의 전환을 추구하고 있었다. 이를 위해 혁신 TF를 만들고 회사에서 성과가 높은 중요 인재를 배치하여 회사의 변화 활동을 이끌게 하였다. 시작은 좋았다. 혁신 TF는 전사의 주목을 받았고 회사의 미래를 이끈다는 자부심에 다들 열심히 일했다. 하지만 6개월쯤 지나니 부작용이 나타나기 시작했다. 혁신 TF를 향한 부러움은 부담으로 변했고 야근이 없는 날이 없었다. 중간 평가를 받아보니 TF에서의 기여도가 성과 평가에 반영되기는 했지만 기존 성과 평가에서 가산점이 약간 붙을 뿐 연말 성과급에 미치는 영향이 예상보다 적었다. 게다가 20명 남짓한 사람들 사이에서 상대평가를 받으니 50명이나 있던 예전 팀에서보다 평가가 좋

지 않을 것 같았다. 이때부터 혁신 TF 멤버는 이런저런 핑계를 대며 자신의 원래 소속으로 돌아가고 대신 그 조직에서 좀 더 직급 낮고 성과 낮은 인력을 보내기 시작했다.

(4) 관성과 자가당착

턴어라운드를 이끄는 중간관리자급 실무진은 대부분 사내나 업계에서의 경험이 많은 사람들이다. 변화를 위해서는 혁신적인 발상 전환이 필요한데 이들만으로는 관성을 깨고 기존 업무 방식에서 벗어나 근원적인 변화를 추진하기는 어렵다. 외부 상황 변화를 들여다보지 못하고 가지고 있는 정보 내에서만 판단함으로써 잘못된 의사 결정을 하는 경우도 잦다. 심각한 위기 상황에서 턴어라운드를 진행하는 경우, 이미 회사 내부에 만연한 패배 의식과 암울한 분위기로 인해 비관적인 시각으로 턴어라운드에 접근하기도 한다.

① A사 사례

A사 제품 중 한쪽 모서리가 둥글게 타원형으로 처리된 부분이 있었다. 외형 디자인 부서에 이유를 물어보니 그렇게 만들면 디자인이 예쁘고 고객도 좋아한다는 것이다. 대신 제조 측면에서는 해당 외형을 만들기 위해 별도 가공 과정이 추가됐고 원가가 높아졌다. BCG가 고객에게 확인하니 의외로 "아, 그게 심미적 디자인 목적이었어요? 전혀 몰랐네요. 그럴 필요 없다고 전해주세요"라고 했다.

② B사 사례

B사와 턴어라운드 프로젝트를 진행하는 임직원이 했던 이야기다. "어차피 매년 조직에 '전년 대비 비용 절감 00퍼센트'라는 목표가 떨어져요. 저희도 살아야죠. 비용 절감 아이디어가 10개 있어도 10개를 한번에 다 내놓지는 않아요. 내년에 쓸 밑천이 있어야죠. 그러니 적당히 숨기고 적당한 수준에서만 하는 척하면 돼요."

(5) 현장 투명성 부족

경영진에게 모든 정보가 투명하게 보고되지 않고 일부가 감춰지거나 왜곡되는 경우가 발생한다. 이럴 경우 경영진은 현장의 변화를 정확하게 이해하지 못한 채 의사 결정을 내리게 되어 결국 턴어라운드를 성공적으로 진행할 수 없게 된다.

③ C사 사례

C사는 해상 물류 운송업체로 선박을 통해 국가 간 물류 배송을 하는 이른바 해상 택배사 같은 사업을 하고 있다. C사의 원가 중 매우 높은 비중을 차지하는 것이 선박 유류비인데, 유류비를 최소화하기 위해 조류 및 편서풍 등을 고려하여 최적의 경로 및 항법을 짜고 선장에게 그 경로로 운송하도록 지시하고 있었다. 경영진은 현장에서 이를 철저히 지키고 그에 따라 유류비가 적정하게 집행되고 있다고 굳게 믿고 있었는데 BCG 컨설턴트가 직접 선장 옆에서 확인해보니 실제로는 선장이 임의로 경로 및 항법을 선택해 왔다는 것을 알게 되었다. 이유

를 물어보니 선장의 대답은 이랬다.

"내가 배를 몬 지 30년이야. 내가 가장 바다를 잘 알아. 내가 제일 효율적인 항로와 항법으로 몰고 가는 거야."

위와 같은 어려움이 비일비재하지만 온갖 난관을 극복하고 성공적으로 턴어라운드를 실행한 기업이 있다. 다음은 BCG 코리아가 함께했던 대한민국 기업의 실제 사례다.

연구 사례(국내 보험사 D사)
패배 의식과 관성에서 벗어나라

국내 토종 보험사인 D사는 오랫동안 견고하게 성장한 기업이다. 그러나 외형적인 성장에 집중한 탓에 고객에게 받는 보험료보다 지급해야 하는 보험금이 더 많은 상품을 판매하거나 보험 설계사에게 지나치게 높은 채널 비용을 지급하는 등 재무제표상의 이익이 눈에 띄게 낮은 구조를 갖고 있었다.

가장 큰 문제는 2023년부터 시행될 예정인(턴어라운드 프로젝트 시행 당시에는 2022년에 시행될 계획) 새로운 국제보험회계기준IFRS17이었다. IFRS17의 특징은 책임준비금을 보험 판매 시점의 원가가 아닌 평가 시점의 시가를 기준으로 적립한다는 것이다. 이에 따라 D사는 자기자본의 5~6배에 달하는 자본을 새로 확충해야 하는 심각한 상황에 처했다. 만약 이를 대비하지 못하면 보험사업 허가가 취소되거나 경영진이 형사처벌을 받을 수도 있었다.

D사의 턴어라운드 시행 목표는 크게 3가지였다. 첫째, 이미 판매한 상품의 손실을 최소화하여 이익률을 개선하고 둘째, 이익률 개선만으로는 부족한 책임준비금을 외부에서 조달하고 셋째, 턴어라운드 시행 이후에도 건강하게 지속적인 성장을 추구할 수 있는 구조를 만드는 것이다.

1. 이익률 개선

보험업의 가장 큰 특징 중 하나는 고객에게 상품을 판매하는 순간, 미래에 보험금을 지급해야 할 경우를 대비해 준비금을 적립해야 한다는 것이다. 준비금은 재무제표에서 부채로 인식된다. D사가 가진 문제는 실제로 고객이 납입한 보험료에 비해 적립해야 할 준비금이 너무 높게 책정된 것이었다. D사의 핵심 인력 30여 명과 외부 전문가인 BCG가 함께 TF 팀을 구성하고 해결 방안을 찾기 시작했다. 특히 집중했던 것은 이미 판매한 보유 계약에 대한 리스크를 상쇄할 방안을 찾는 것이었다. 이를 위해 보험에 대한 고정관념을 넘어설 필요가 있었다. 그 결과 찾아낸 답은 다음 6가지다. D사는 이 6가지 활동을 통해 이익률을 크게 개선할 수 있었다.

① 리스크가 높은 계약을 골라내고 리버스Reverse 펀드 등 파생 금융 상품을 통해 리스크를 헤징한다.

② 리스크가 높은 계약을 보유한 고객에 대해 대출 상품 전환을 유도한다. 보험금과 보험료 차이에서 발생하는 손실 일부를 고객에게서 받는 대출이자로 상쇄할 수 있다.

③ 고객의 생애 주기를 고려하여 상품 가입 당시와 달리 현재 필요성이 증가한 상품으로 전환 가입을 유도하여 보유 계약으로 인한 리스크를 낮춘다.

④ 보험금 지급 심사를 이전보다 철저하게 진행한다. 철저한 심사를 위해 추가되는 인건비가 관행적으로 보험금을 지급할 때 발생하는 비용보다 낮다는 점에 착안한 것이다.

⑤ 채널에 지급하는 수수료를 매출 중심에서 이익 중심으로 변경하여 채널 비용을 절감한다.

⑥ 인건비 절감 등을 통해 사업비를 줄인다.

2. 자본조달

D사는 국내에서만 자본조달을 했던 탓에 무디스나 피치 등이 매긴 글로벌 시장에서 사용 가능한 신용 평가 등급조차 없었다. 해외에서 자본을 조달하는 것은 중형 토종 보험사 역량으로는 시도할 수 없는 일이라고 여겼기 때문이다. 하지만 막상 글로벌 자본시장에서 자본조달을 시도하자 생각보다 해외투자자의 반응이 뜨거웠다. 대한민국 내 기존 투자자보다 낮은 이율로 투자하겠다는 투자자도 있었다. D사는 이를 계기로 해외에서 신용 평가 등급을 확보하고 투자자 유치를 위한 스토리를 만드는 등 투자 유치 활동에 나섰다. 이를 통해 IFRS17 도입 후에도 사업을 운영할 수 있는 수준의 자본금을 확보했다. 기존 방식을 벗어나면 큰 수확을 얻을 수 있다는 중요한 교훈을 확인하고 노력을 통해 자기 한계는 얼마든지 극복 가능하다는 자신감도 얻었다.

3. 지속 가능한 성장

당장 IFRS17 도입이라는 큰 위기는 무사히 넘기고 일부 손실이 큰 상품에 대한 헤징 방안도 마련했지만 계속 수익이 낮은 상품을 판매하고 높은 채널 비용을 유지한다면 언젠가 부실이 발생해 발목을 잡으리라는 것은 명확하다. 앞의 2가지 작업이 당장 급한 불을 끄는 것이었다면 세 번째는 다시 불이 나지 않도록 지속 가능성을 확보하는 일이다. 이를 위해 3가지 과제를 수행했다.

① 상품 포트폴리오 변경

D사는 기존에 주로 종신보험, 저축보험 등 자본 부담이 큰 상품을 판

매했다. 건강보험, 변액보험 등 자본 부담이 낮은 상품은 보험사의 브랜드 파워가 강해야만 판매할 수 있다는 생각 때문이었다. 그러나 상품 특성에 따라 어떤 상품은 브랜드 노출을 의도적으로 줄이고 어떤 상품은 외국 파트너사와의 협업 브랜딩을 하고 또 어떤 상품은 회사보다 상품 브랜드를 강조하는 등의 전략으로 D사의 상품은 방카슈랑스 시장에서 판매 2위를 달성할 수 있었다.

② 영업 구조 재편

상품 포트폴리오 변경에 따라 상품 판매 채널 구성 역시 전면적으로 개편하였다. 기존에 운영 중이던 채널에 대해서는 이익 중심 수수료 제공 등의 변화로 효율화를 꾀했고 새로 도입된 상품에 대해서는 운영 비용을 최소화할 새로운 채널을 개척하여 채널 이익이 통합적으로 고려된 채널 포트폴리오를 마련했다.

③ 운영 체계의 변화

상품, 채널, 심사 등 포트폴리오 및 업무 변화는 턴어라운드 프로젝트가 종료된 이후에도 유기체처럼 지속적으로 시장 변화에 맞게 대응하고 발전해야만 한다. 이에 맞춰 조직 구조, 인적 역량을 재배치하고 이를 지원하고 독려, 관리하기 위해 성과 평가 보상, 리스크 관리 체계 등의 경영 관리 체계와 기업 문화, 정책, IT 인프라 측면의 대대적인 개편 또한 시행되었다.

턴어라운드 작업 시작 후 2년이 지난 시점에 D사는 IFRS17 도입 이후에도 사업을 지속적으로 영위할 수 있는 수준으로 자본을 확충했다. 매출 성장세는 기존과 유사하게 유지하면서도 총이익 기준으로는 무려 3배에 가까운 성장을 달성했다. 이때 생명보험 업계의 이익 총량이 동기간 30~40퍼센트 증가한 것에 비하면 괄목할 만한 성장을 기록한 것이다.

D사가 턴어라운드를 성공시킨 핵심 비결은 무엇일까? 당시 프로젝트를 진행했던 BCG와 D사의 TF 조직은 다음 5가지 사항을 핵심 성공 비결로 꼽았다.

① 관성을 벗어나 새로운 답을 찾는 데 집중

매출 중심 성장이라는 기조에서 벗어나 수익성 중심 사업 모델을 구축하는 것으로 전략 방향을 선회했다.

② 패배 의식을 극복한 도전적인 시도

외국에서의 자본조달, 새로운 상품 포트폴리오 도입 등 로컬 중형 보험사가 도전할 수 없을 것이라고 생각했던 새로운 시도를 성공하여 '할 수 있다'는 자신감까지 얻었다.

③ 강력한 리더십의 지원

턴어라운드 프로젝트에 대해 최고 경영진이 직접 오너십을 갖고 중간 의사 결정 과정을 과감히 축소하여 신속하고 명확하게 의사 결정을 내렸다. 과거 2~3개월 걸리던 의사 결정 과정이 주 단위로 진행됨으로써 더 빠르고 효과적으로 변혁을 이끌 수 있었다.

④ 명확한 성과 보상

임직원 개개인이 맡은 임무에 대해 책임 경영 체제를 구축했다. 또한 이루어낸 성과에 대해서는 명확하고 과감하게 승진, 보상 등의 성과 보상을 제시했다.

⑤ 외부 조력자와 화학적으로 결합된 TF 구성

내부 임직원의 고정된 시각 및 제한된 정보의 한계를 벗어나기 위해 외부 조력자인 BCG와 함께 턴어라운드 작업을 시행했다. 이때 D사는 CEO 아래 경영 혁신 TF 조직을 만들고 모든 D사의 임원 회의에 BCG가 배석하도록 했으며 BCG의 모든 회의에도 D사의 모든 임원이 참여하는 등 완전한 하나의 팀으로 움직였다.

연구 사례(기계장치 제조업체 E사)
성공의 열매를 나누어라

국내 기계장치 제조업체 E사는 약 10년 전부터 외판 및 수출 전략을 추구하면서 매출 5배의 성장을 기록했다. 그러나 그 이면에는 건전하지 않은 외형적 성장이라는 문제가 숨어 있었다. 국내 시장에서는 경쟁 심화로 인해 제품 가격이 지속적으로 하락하고 해외시장에서는 후발 주자로서 시장점유율을 끌어올리기 위해 저가격 정책을 고수하여 수익성이 낮았다. 시장 자체의 성장세도 정체기에 접어들면서 E사는 유통 업체에 판매를 푸시하는 방식으로 영업을 진행했다. 이에 따른 여러 가지 부작용이 나타날 수밖에 없었다.

시장의 니즈를 충족시키기 위해 제품의 다각화를 추진한 것도 문제였다. 다양한 제품 라인을 운영함으로써 제품 포트폴리오 관리 비용이 증가하고 품질 이슈까지 발생했다. 판매 가격은 계속 낮아지는데 품질 개선 활동과 관리비 증가로 인해 원가는 계속 높아지고 회사의 수익성은 더욱 악화됐다. 수익성이 지속적으로 악화되면서 결국 회사는 적자에 가까운 상황이 되었고 자체 노력만으로는 더 이상의 해법을 찾을 수 없는 난관에 봉착했다. 경영진은 현재의 변화로는 상황을 역전시킬 수 없다고 판단, 턴어라운드 작업에 착수했다.

가장 시급한 문제는 구매 및 품질 영역에서 순이익을 끌어올리는 것이었다. 이를 해결할 경우 5년 내에 영업이익이 5퍼센트포인트 증가할 수 있는 가능성이 확인되었다. 핵심 문제 해결을 위해 시행된 작업은 다음과 같다.

1. 원자재 공급업체와 협업을 통한 창출 가치 공유

E사의 제품을 제조하기 위해서는 많은 공급업체와 R&D 측면에서의 협력이 필요했다. 그러나 기존에는 E사와 공급업체 모두 각자의 제품에만 충실하여 부분 최적화에 그친 상태였다. E사는 자사에 최적화된 설계를 한 뒤 공급업체에 이에 맞춘 원자재 공급을 요구했는데 이 경우 공급업체 관점에서는 원자재의 가공성이 떨어지기 때문에 원자재 제조를 위한 원가가 높아져 공급가를 낮추는 데 한계가 있었다. 그래서 R&D 단계에서부터 공급업체와 협력함으로써 양측 모두 비용을 절감하는 구조를 마련했다. 이를 통해 E사와 공급업체 모두 수익성을 개선했다.

2. S&OP Sales&Operation Planning, 판매-생산 계획 연계 정교화 및 공급업체와의 공유

E사는 판매 계획이 정교하지 않았고 생산 계획도 명확하지 않았다. 단발성 생산이 빈번하여 원자재 공급업체에도 단발성으로 주문하는 일이 잦았고 이로 인한 공급업체의 리드 타임 증가, 비효율적인 공장 가동률 등 결국 원자재 비용의 증가로 이어졌다. 턴어라운드 작업에서는 S&OP를 정교화하는 데 집중했고 생산 2개월 전, 3개월 전의 정확도를 높여 물량 공급 계획의 가시성을 높였다. 이에 맞춰 공급업체의 가동률도 높임으로써 공급업체의 수익성이 개선되었다. 높아진 수익성은 E사와 공급업체가 공급 계약 조건 변경을 통해 이익을 공유하면서 E사와 공급업체 모두 윈윈하는 결과를 얻게 했다.

3. 사전 예방적 관점의 품질 개선

E사는 기존에 제조 공정이 모두 끝난 이후 품질 이상 유무를 정교하게 검사하여 클레임을 방지하는 쪽에 무게를 두고 품질관리를 했다. 턴어라운드 작업에서는 제조 과정 중의 품질 모니터링을 강화하고 품질 하락 발생 여지를 미리 예측하여 대응하는 예방적 관점의 품질관리 메커니즘을 도입하여 불필요한 비용 발생을 줄이는 데 집중했다. 그 외에도 품질 통과 기준을 정교하게 분석하여 과도한 엔지니어링 비용을 줄이고 불량에 대한 귀책 여부를 명확히 밝히는 체계를 도입하는 등의 활동이 이어졌다.

4. 합리적인 제품 포트폴리오 구성

E사는 제품 구색이 다양한 것이 자사의 강점이라 생각했다. 따라서 BOM Bill of Material, 원자재 구성 목록 비용이 높은데도 불구하고 해당 제품 포트폴리오를 유지했다. 그러나 턴어라운드 작업을 통해 고객의 다양한 이해관계자와 인터뷰한 결과, 오히려 E사의 제품 다양성이 부족하다는 사실을 알게 되었다. 즉, 시장에서 필요한 제품은 오히려 없고 불필요한 제품만 많다는 결론이다. 이에 따라 시장성에 맞는 제품 위주로 합리적인 포트폴리오를 재구성하고 이에 맞춰 비용 효율화를 추구하는 플랫폼 설계 등을 시행했다.

수익성 개선 작업만으로 근원적인 문제가 해결될 수는 없었다. 따라서 세그먼트별로 고객 및 경쟁 상황을 세부적으로 분석하여 가격을 책정하고 계약 방식 등 여러 가지 장치를 활용하여 가치 누수를 최소화하도록 했다. 시장점유율이 취약한 지역에서 시장 침투율을 증대할 방안도 도출했다.

가장 중요한 것은 턴어라운드 작업이 종료되고 외부 전문가의 지원이 끝나도 자체적으로 턴어라운드 활동을 지속하도록 임직원의 역량을 강화하는 일이었다. E사는 부서별 핵심 인력을 턴어라운드 TF에 투입하고 이들이 TF에서 턴어라운드 작업을 실행한 뒤 소속 부서로 돌아가 동일한 작업을 다른 대상으로 확장하는 방식으로 프로젝트를 운영했다. TF에서 일부 원자재에 대해 구매 측면에서의 비용 절감을 시행하면 해당 직원은 소속 부서로 돌아가 기존 부서원과 방법론을 공유했다. 다른 원자재에 대한 비용 절감을 기존 부서원이 진행함으로써 턴어라운드 역량이 전파되도록 했다. 이는 '지속 가능성' 측면에서 매우 큰 효과를 거두었다.

D사의 턴어라운드 핵심 성공 비결은 다음 4가지로 정리할 수 있다.

① 기업의 경계를 넘어서 산업 생태계와의 협력 관점에서 턴어라운드에 접근했다.

② 과거 잘못에 대해 전혀 책임을 묻지 않고 오직 개선에만 주목하도록 임직원을 드라이브했다.

③ 개선 활동을 통해 늘어난 이익은 구성원과 인센티브 측면으로 공유했다.

④ 경영진의 강력한 추진 의지에 기반하여 실시간으로 의사 결정을 하고 실행할 수 있도록 의사 결정 단계를 대폭 축소했다.

E사의 턴어라운드는 개선 결과로 얻은 열매를 기업이 독식하는 대신, 그 성과를 구성원뿐 아니라 협력 업체와도 골고루 나눔으로써 더 큰 결실을 얻은 모범 사례다.

턴어라운드 핵심 성공 공식

앞서 소개한 두 사례를 포함하여 그동안 경험한 다양한 사례를 보면 턴어라운드를 성공적으로 이끌기 위해서는 핵심 성공 공식이 프로젝트 내에 잘 정착되어야 한다. 규모가 크든 작든 마찬가지다. 만일 지금 턴어라운드를 추진하고 있거나 고려하고 있다면 특히 이 부분에 주목하길 바란다.

① 부분 최적화는 반드시 풍선 효과가 생긴다. 꼭 전체 최적화 측면으로 접근하라.

② 단기에 현금흐름을 창출할 수 있는 변화를 먼저 추진하라. 확보된 현금 또는 예상되는 현금의 증가가 있어야 자금을 활용하여 신사업 투자 등 중장기 변화에 투자가 가능하다.

③ 재무적 숫자에만 집착한 변화는 필수적으로 요요 현상을 부른다. 지속 가능성을 고려하여 정책, 프로세스, 조직, 시스템 등 운영 모델의 구조적 변화를 함께 진행하라.

④ 최고 경영진의 확고한 의지가 필수다. 교과서 같은 이야기로 들릴 수도 있지만 실제 턴어라운드 시행에 있어 가장 중요한 부분이다. 신속하고 과감한 의사 결정이 매우 중요하기 때문이다. 특히 턴어라운드 기간에는 의사 결정 계층의 간소화가 반드시 필요하다.

⑤ TF 조직장 및 팀원은 가장 영향력 있는 사람을 배치해야 한다. 기존 업무의 공백을 우려하여 영향력 낮은 사람이 배치되면 조직 간 이슈를 해결하지 못한다. 또한 TF 조직 내 인력은 절대평가로 평가하고 기존 성과 보너스가 아닌 별도 성과 보너스를 제공해야 한다.

⑥ 아무리 성공적으로 변화를 진행했어도 시간이 지나면 시장, 고객, 경쟁 상황 등 외부 환경의 변화로 인해 기존의 변화 효력이 떨어진다. 항상 지속적으로 변화를 추진할 수 있도록 조직원의 역량 성장까지 고려한 턴어라운드를 진행하라.

⑦ 고정관념과 한계의 벽을 뛰어넘어 생각하라. 정해진 제약이 많을수록 턴어라운드의 성공 가능성은 낮다. 만일 가입자 수를 늘리는 것이 핵심 수익인 기업에서 가입자가 늘어날수록 적자 폭이 커지고 있다면 어떻게 해야 할까? 실제로 이런 경우가 있었다. 이 회사는 '가입자 수를 증가시켜야 한다'는 명제를 반드시 지켜야 하는 철칙으로 생각했다. 하지만 일시적으로 가입자를 받지 않고 내부 수익성을 높이는 턴어라운드 활동을 진행했다. 현금흐름이 자연히 좋아지기 시작했고 이를 바탕으로 굵직한 변화를 추진하니 이후에는 신규 가입자가 늘어나면 수익성이 좋아지는 정상 상태로 회복했다. '적자가 나는 동안에는 신규 가입자를 받지 않는다'는 획기적인 발상의 전환이 없었더라면 불가능했을 것이다.

PART 2

격변의 파고를
넘는 애자일 조직

대혼란의 시기, 애자일의 가치

코로나19 위기에서 살아남기 위해 기업이 끊임없이 고민해야 할 요소가 있다. 바로 비용, 속도, 회복탄력성이다. 매출이 줄고 수익성과 현금 흐름까지 급속도로 악화되고 있는 상황에서 비용 절감은 선택의 여지가 없는 필수 문제다. 변화하는 환경에 빠르게 대응하는 능력 역시 기업의 미래를 판가름하는 중요한 요소가 되었다. 특히 디지털 전환에 빠르게 성공하느냐의 여부가 중요하다. BCG가 시행한 소매 금융 조사에 따르면 코로나19 위기 이후 이탈리아, 미국, 영국에서의 디지털 채널 이용률은 각각 33퍼센트, 20퍼센트, 14퍼센트 증가했다. 고객의 대부분은 팬데믹이 종료되어도 기존 방식으로 돌아가지 않을 가능성이 높다. 그리고 현재 포춘 100대 기업 중 몇 개의 기업이 2022년에도 여전히 순위에 남아 있을지 결정할 중요한 열쇠는 바로 회복탄력성이다.

애자일은 3가지 측면 모두에서 눈에 띄는 변화를 일으키는 답이 될 수 있다. 애자일의 가장 큰 특징이 '속도'에 있는 만큼 새로운 환경에 더 빠르게 대응하고 제품 출시 기간을 단축할 수 있다. 조직의 간소화와 소규모 시행으로 비용 절감이 가능하다. 팀 단위의 조직이 충분한 권한을 가지게 되어 독립적이며 자기 주도적으로 일하므로 회복탄력성도 향상시킬 수 있다.

물론 애자일 전환은 큰 도전이다. 위기 이전에도 많은 기업이 애자일을 추구했지만 점진적 개선 이상을 실현한 경우는 드물다. 그러나 변화무쌍한 최근의 경영 환경에서 애자일은 전통 기업이 가지고 있는 약점을 보완하는 하나의 해답으로 그 필요성이 더욱 대두되고 있다. 그렇다면 애자일은 과연 무엇이고 또 어떻게 적용해야 할 것인지 지금부터 하나씩 살펴보자.

기업은 고객을 모른다

완벽한 품질이 기업의 미덕이던 시절이 있었다. 긴 R&D 기간을 거쳐 제품을 기획하고 정교한 계획을 세운 뒤 각 조직이 순차적으로 업무를 진행하며 제품의 완성도를 높였다. 고객의 요구와 시장 환경이 급변하지 않는 상황에서 이는 가장 효율적인 업무 방식이었다. 수십 년 동안 기업은 이런 방식으로 소비자를 예측하고 제품을 만들었으며 잘 팔았다.

그러나 최근 수년간 모든 것이 달라졌다. 이제 소비자의 구매욕을 부추기는 건 완벽한 품질이라는 단일 요소가 아니다. 물론 품질과 기술력은 여전히 기본 경쟁력이자 미덕이지만 그것만으로는 시장과 고객의 마음을 움직이기에 부족하다. 제품이나 서비스를 접하는 순간 소비자가 느끼는 개별적인 경험과 만족이 구매를 결정하는 중요한 열쇠가 되었다.

예를 들어 한때는 화면 크기, 내구성, 카메라 해상도 등이 스마트폰의 중요한 경쟁력으로 평가받았다. 그러나 최근에는 사소한 기능, OS의 편의성, 앱 다양성 등 고객의 경험이 더욱 중요한 차별화 요소가 되었다.

문제는 기업이 소비자를 잘 모른다는 것이다. 소비자는 이제 집단적이고 피상적인 존재가 아니라 각각 개별적인 욕구를 가진 개인의 관점에서 접근해야만 한다. 따라서 인구통계학적인 세그먼테이션으로는 소비자를 이해할 수도, 파악할 수도 없다.

많은 기업이 '소비자 중심'을 말한다. 하지만 실제로 고객을 정확히 이해하고 있는 경우는 드물다. 실제 새 제품을 기획하고 평가하는 건 현장과 가까이 있지 않은 경영진일 때가 많다. 게다가 대다수의 제조업체는 대리점, 양판점, 대형 마트 같은 유통 채널을 통해 극히 제한적으로 고객을 만난다. 소비자에 대한 데이터가 부실하니 고객을 제대로 이해할 수도 없다. 소비자가 우리 제품 혹은 경쟁사 제품을 왜 구매하는지 알지 못하고 특정 제품의 생애 주기에서 어떤 요소에 특히 만족하는지도 모르면서 고객을 안다고 말할 수 있을까?

고객을 직접 만나 대화를 나누는 것 역시 해답은 되지 못한다. 소비자가 항상 맞는 말을 한다는 보장은 없다. 고객이 거짓말을 한다는 뜻이 아니라 고객 역시 자신이 무엇을 원하는지 정확히 모를 수 있다는 말이다. 인간은 누구나 경험하지 못한 것에 대해서는 정확한 의견을 제시하기 어렵다. 아직 세상에 자동차가 존재하기 이전, 고객에게 "어떤 탈것이 필요한가요?"라고 질문한다면 어떤 대답을 내놓았을까? 아마도 "더 빠른 말, 덜컹거리지 않는 마차, 말똥 냄새가 나지 않는 마차" 정도의 답변만을 들을 수 있었을 것이다. 또한 사람들의 마음은 시시각각 변한다. 오늘 A라는 제품을 가장 선호한다고 밝힌 소비자가 내일은 정작 B라는 제품을 구매할 수도 있다. 소비자 인터뷰가 소비자를 이해하는 유일한 해답이 될 수 없는 이유다.

소비자를 찾고 시장을 만든다

애자일은 원래 소프트웨어를 개발하는 하나의 기법에서 시작된 용어다. 사전에는 '민첩한' 혹은 '기민한'이라는 뜻으로 정의된다. 그러나 최근 애자일은 기업의 업무 방식과 문화라는 측면에서 더욱 주목받고 있다. 나아가 기업 문화를 탈바꿈시키는 하나의 방법론으로도 여겨진다.

애자일은 시장 환경과 고객 수요가 매우 가변적이라는 전제 아래, 짧은 프로젝트 주기Sprint로 제품 또는 서비스를 계획하고 실행하고 테스트하는 과정을 반복하며 고객 니즈를 만족시키는 방식이다. 다소 불완전한 제품일지라도 빠르게 시장에 내놓아 고객의 니즈를 해결하고 그 과정에서 받은 피드백을 통해 지속적으로 제품을 업그레이드한다.

많은 스타트업 또는 IT업체가 애자일을 전면 도입하여 조직 전반의 애자일화를 추진하고 있다. 반면 전통적인 기업에서 모든 조직을 애자일 조직으로 변신시키는 것은 매우 어렵고 반드시 정답이라고 할 수도 없다. 그러나 불확실한 시장, 고객 니즈가 있는 상황에서 기존 기업이 새로운 제품, 서비스, 사업을 개발하는 경우라면 애자일은 하나의 해답이 될 수 있다. BCG는 소비자를 핵심 가치로 두고 애자일 방법론을 활용해 사업 모델과 제품을 개발하고 성과를 창출하는 접근을 '애자일 비즈니스 개발Agile Business Development'이라고 부른다.

애자일 비즈니스 개발 특성 1
디자인 싱킹Design Thinking

앞서 말했듯 모든 해답은 고객에게 있지만 고객 역시 그 해답을 정확히 말하지는 못한다. 따라서 고객을 이해하기 위한 새로운 접근법이 필요한데 이를 디자인 싱킹이라고 한다.

디자인 싱킹은 정형화된 질문이나 통제된 환경에서 시행하는 소비자 조사와는 완전히 다르다. 소비자조차도 몰랐던 숨은 욕구를 찾아내야 하기 때문에 조사자는 소비자를 주도면밀히 관찰하고 소비자가 제품을 구매하고 사용하는 전 과정에서 애로 사항과 불만 요소를 도출해야 한다. 시나리오를 통해 마치 고객에 빙의한 것처럼 감정이입하여 고객의 불편 사항과 미충족 욕구를 발견하는 것도 좋은 방법이다. 30대, 남성, 대기업 직원 등 인구통계학적 특성을 활용한 표면적 분석이 아니라 소비자의 구매 활동에서 하나의 스토리를 구성하는 것이다. 이를 통해 소비자가 어떤 상황에서 마음이 움직이는지, 어떤 경로로 제품을 접하고 선택하는지 총체적으로 살펴볼 수 있다.

애자일 비즈니스 개발 특성 2
최소기능제품Minimum Viable Product; MVP

MVP는 소비자의 시각에서 구매를 위해 돈을 지불할 용의가 있는 최소한의 가치 있는 제품을 말한다. 여기서 핵심은 '소비자의 시각'이다. 고객이 유용성과 가치를 느끼는 제품은 의외로 간단하고 핵심적인 일

부 기능만으로도 충분히 구현되는 경우가 많다. 단, 앞 페이지의 피라미드 그림에서 확인할 수 있듯 MVP에는 즐거움과 유용성, 신뢰와 기능성이라는 모든 요소가 아주 작은 부분이라도 전부 포함되어야 한다.

구글이 처음에 지도 앱을 출시했을 때는 현재 위치와 목적지 위치를 검색하는 기능만을 갖춘 단순한 디지털 지도에 불과했다. 지금처럼 정교한 구획 정보나 거리뷰, 최단 거리 찾기, 맛집 알림 같은 복잡한 기능은 없었다. 그럼에도 불구하고 고객 반응은 폭발적이었다. 구글 지도가 고객이 가진 목적지 찾기라는 핵심 문제를 가장 잘 해결했기 때문이다.

고객의 문제를 해결할 수 있는 가장 작은 단위의 제품에서 시작해 지속적인 피드백으로 제품을 업그레이드한다는 마인드셋mindset이 필요하다. 이를 통해 제품 출시 시간을 단축하고 이용자의 만족도 역시 크게 높일 수 있다. 통상적으로 애자일 방식으로는 제품 출시 기간을 2~4배 단축하고 고객 만족도는 3~4배 높일 수 있다고 한다.

애자일 비즈니스 개발 특성 3
제품과 사업 개발의 병렬적 추진, 피버팅Pivoting

전통적으로 제품은 기획, 개발, 마케팅, 영업이라는 가치 사슬을 순서대로 거쳐 세상 빛을 보기 마련이다. 그러나 애자일 비즈니스 개발에서는 모든 과정이 병렬적으로 진행되며 유기적으로 상호작용하도록

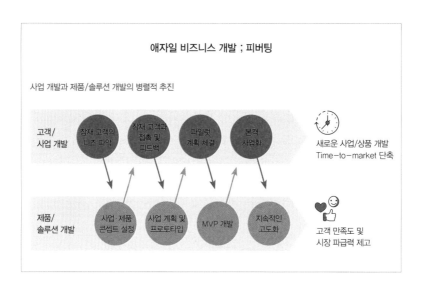

애자일 비즈니스 개발 ; 피버팅

사업 개발과 제품/솔루션 개발의 병렬적 추진

고객/
사업 개발
- 잠재 고객의 니즈 파악
- 잠재 고객과 접촉 및 피드백
- 파일럿 계획 체결
- 본격 사업화

새로운 사업/상품 개발
Time-to-market 단축

제품/
솔루션 개발
- 사업·제품 콘셉트 설정
- 사업 계획 및 프로토타입
- MVP 개발
- 지속적인 고도화

고객 만족도 및
시장 파급력 제고

설계한다. 제품의 콘셉트와 시제품만으로 잠재 고객을 유인하고 잠재 고객을 대상으로 제품을 테스트하여 피드백을 받아 제품 기능과 디자인을 개량한다. 이 과정에서 최초에 기획했던 콘셉트의 우선순위는 얼마든지 변경될 수 있고 아예 방향이 바뀔 수도 있다. 이를 통상적으로 피버팅이라고 부른다. 기존의 수직적인 업무 방식에서는 계획 변경을 커다란 리스크 내지는 실패로 인식하는 경향이 있다. 그러나 애자일 관점에서는 오히려 소비자와 시장 적합성을 높이는 과정으로 보기 때문에 피버팅을 장려한다. MVP로 제품의 시장 출시 기간을 단축할 수 있다면 피버팅으로는 상업화 단계의 불확실성을 최소화할 수 있다.

애자일 비즈니스 개발 특성 4
자기 주도적인 복합 기능 팀Cross-functional Team

애자일 비즈니스 개발을 완성하기 위해서는 조직 형태와 협업 모델 역시 완전히 달라져야 한다. 특히 가장 중요한 것은 민첩한 의사 결정이 가능하도록 팀에 충분한 권한을 부여하는 것이다. 여러 중간관리자와 상급자에게 보고를 거듭하는 시스템에서는 신속한 의사 결정이 불가능하고 팀의 책임감도 낮다.

팀에 권한을 제대로 부여하기 위해서는 전사적인 목표 의식 공유가 선행되어야 한다. 업무를 민첩하게 수행하기 위해 다양한 기능과 전문성을 보유한 인력이 함께 배치된 복합 기능 팀을 꾸리는 것도 중요하

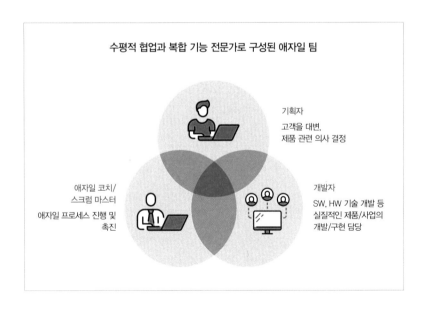

수평적 협업과 복합 기능 전문가로 구성된 애자일 팀

기획자
고객을 대변,
제품 관련 의사 결정

애자일 코치/
스크럼 마스터
애자일 프로세스 진행 및
촉진

개발자
SW, HW 기술 개발 등
실질적인 제품/사업의
개발/구현 담당

다. 수평적으로 협업할 수 있는 문화와 대면 커뮤니케이션도 필수다. 팀 내에 기획자, 개발자, 영업 담당자, 마케터 등이 함께 고객의 문제를 해결해야 조직 간 혼선을 방지하고 제품과 사업 개발을 병렬적으로 추진하는 자기 완결성이 확보된다.

흔히 애자일 팀을 '투피자 팀2 Pizza Team'이라고 부른다. 피자 2판이면 팀원 전체가 한 끼를 충분히 해결할 수 있을 정도의 소수 멤버로 팀이 꾸려지기 때문이다. 자기 주도적인 애자일 팀은 개인에게 역할과 권한을 크게 부여하고 수평적인 협업을 장려하기 때문에 직원 개개인이 가진 잠재력이 최대로 발휘될 수 있다. 따라서 업무에 대한 직원의 만족도 역시 제고된다.

연구 사례(국내 중공업 기업 A)
아이디어만으로 고객의 지갑을 열다

BCG는 국내 중공업 기업 A사와 함께 애자일 비즈니스 개발을 진행했다. A사는 발전소의 핵심 기기를 만드는 업체로 오랜 역사와 기술력, 하드웨어 관점의 사업 기반을 갖춘 건실한 기업이다. 그러나 산업의 특성상 시장의 부침에 큰 영향을 받고 중국과 인도 등 원가 경쟁력을 보유한 경쟁사와의 기술 격차가 줄어들어 A사는 큰 위기의식을 느꼈다.

A사는 위기를 타개하기 위해 안정적이면서도 고수익을 담보하는 해외 발전소 소프트웨어 및 서비스 시장을 신사업 목표로 잡았다. 그러나 소프트웨어나 서비스 사업 경험이 없는 후발 주자다 보니 새로운 시장에 진입하는 방법을 알지 못했고 경쟁사와 다른 차별적 강점도 마땅히 없었다. BCG와 A사는 바로 이 문제를 애자일 비즈니스 개발 접근을 통해 함께 돌파해 나갔다.

가장 먼저 애자일 팀이 구성됐다. 해외 타깃 시장과 고객에 대한 이해가 높은 해외 영업 담당자, 발전소 설계 등 계통 전문성을 보유한 엔지니어, 소프트웨어 개발자, 기획 담당자인 BCG의 컨설턴트, 애자일 방법론을 전수하는 코치 등 각자 전문성을 보유한 6명으로 복합 기능 팀이 꾸려졌다. 애자일 팀은 모든 노력을 타깃 시장인 인도 발전소 운영사의 핵심 취약점Pain Point과 숨은 니즈를 찾는 데 집중했다. 수없이 많은 발전소 오퍼레이터와 엔지니어를 만나고 현장을 방문해 관찰을 거듭했다. 이를 통해 인도와 동남아 발전소가 탄질, 온습도 등 환경적 요인과 운영 방식으로 인해 설계 당시의 발전 효율을 유지하지 못한다는 사실을 발견했다. 그 결과, 문제를 해결할 창의적인 소프트웨어와 서비스 아이디어를 도출할 수 있었다.

잠재 고객인 인도 발전소와의 첫 미팅은 서비스 콘셉트가 담긴 종이 한 장으로 진행됐다. A사 내부에서는 고작 콘셉트만으로 잠재 고객과 미팅을 하는 게 시기상조 아니냐는 우려도 있었다. 그러나 결과는 대성공이었다. 콧대 높던 인도의 발전소 측은 자사의 취약점을 정확히 겨냥한 서비스 콘셉트를 무척 반겼다. 에너지 업계에서도 보수적인 것으로 이름 높은 발전소가 운영 데이터를 모두 건네주며 제품 개발에 사용할 것을 허용했다. 그 후 애자일 팀은 인도 발전소 고객의 지속적인 피드백을 거쳐 제품의 기능과 디자인을 개량했다. 팀 구성 8개월 만에 상업화를 위한 파일럿 투자 계약을 성사했으며 1년 만에 MVP 제품과 서비스 개발을 완료했다.

만약 A사의 통상적인 신사업 개발 프로세스를 따랐다면 어떻게 됐을까? 연구소에서 제품 개발에만 1년 이상이 소요됐을 것이다. 소프트웨어 개발은 그 이후에나 진행되었을 것이고 상업화를 위한 영업, 마케팅에 추가로 1년이라는 시간이 더 소요됐을 것이다. 이런 모든 과정을 1년 안에 마칠 수 있었던 건 초기부터 인도 발전소라는 고객에 집중해 틈새 수요를 찾았고, 그들의 피드백을 반영해 제품을 지속적으로 개발하면서 상업화 준비도 동시에 진행했기 때문이다. 예를 들어 소프트웨어 모듈 중 보일러 튜브를 모니터링하는 모듈은 MVP 접근 방식을 취했다. 인도 발전소에 필수적인 기능부터 우선 개발해 당초 A사의 연구소에서 추정한 개발 기간과 예산의 4분의 1 수준에서 상업화가 이루어졌다. BCG와 함께한 이 과정에서 A사는 새로운 고객과 사업 영역에 대한 자신감을 가질 수 있었다. 애자일이 스타트업이나 작은 기업의 전유물이 아니라는 사실을 절감하게 해준 사례다.

애자일 확산을 가로막는 장벽

최근 몇 년간 국내에서도 많은 기업이 애자일 효과를 깨닫고 앞다투어 애자일 조직으로 변신을 꾀하고 있다. 임직원을 대상으로 사내 교육을 진행하고 소수의 중요 프로젝트 조직에서 애자일을 적용하는 경우도 있다. 하지만 규모가 작은 스타트업이나 IT업계의 일부 기업을 제외하면 진정한 애자일 확산 사례를 찾는 것은 쉽지 않다. 애자일 확산을 가로막는 장벽은 과연 무엇일까?

가장 먼저 뛰어넘어야 하는 벽은 기존의 조직과 시스템이다. 역사가 길고 규모가 큰 기업일수록 이미 기능 또는 P&L(손익계정) 단위로 조직이 세분화돼 있다. 소비자를 중심으로 다양한 기능을 가진 전문가가 협력하여 일하는 애자일 팀과는 괴리가 크다. 이러한 기업에서 애자일로 조직을 변화시킨다는 것은 그동안의 조직 구조, 성과 관리 단위 및 방식까지 모두 바꾸어야 한다는 걸 의미하기 때문이다.

애자일을 광범위하게 적용한 기업은 복합 기능으로 구성된 개별 애자일 팀과 유사 고객 또는 제품으로 이를 연계하여 관리하는 그룹^{Tribe}으로 매우 단순한 조직 구조를 가지고 있다. 고객과 시장의 변화에 따라 조직과 구성원이 유연하게 변하기도 한다. 의사 결정 권한은 상당 부분 개별 팀과 그룹에 이양된 데다 조직 구조가 단순하기까지 하니 의사 결정 속도는 매우 빠르다. 팀원이 각자 전문성을 가지고 팀에 기여하는 구조이므로 연공서열에 따른 수직적인 업무 문화나 중간관리직은 자연히 사라진다. 직원이 전문성을 꾸준히 개발하도록 동기부여하고 그들을 각자의 능력에 맞게 적재적소에 배치하기 위해서는 직무 역량에 대한 객관적인 평가와 합당한 보상을 제공하는 시스템을 갖춰야 한다.

그러나 애자일 확산의 가장 큰 장벽은 사람과 조직 문화에 있다. 애자일이라는 새로운 옷은 기존 업무 체계에 익숙한 구성원에게는 불편하게 느껴질 수 있다. "어떻게 철저한 계획도 없이 실행할 수 있나?", "팀원에게 그렇게 중요한 의사 결정을 맡길 수 없다", "아이디어만으로 고객을 만나는 것은 불가능하다" 등 불만 섞인 목소리를 수없이 접하게 된다. 애자일의 효능을 알기도 전에 이런 목소리가 기업 분위기를 지배하면 제대로 된 변화는 시도조차 어렵다.

애자일은 목적과 취지에 맞는 원칙과 프로세스가 제대로 갖추어져야만 성공할 수 있다. 오죽하면 애자일 팀에 이를 관장하는 별도의 전문가(애자일 코치 혹은 스크럼 마스터)가 있겠는가? 애자일이 확산되기 위해서는 무엇을 하고 무엇을 하지 말아야 할 것인가에 대한 분명한 원칙이 정립되어야 한다. 애자일 전문가에 대한 과감한 영입과 인재 양성, 폭넓은 임직원 커뮤니케이션과 애자일 프로세스 방법론에 대한 교육 등 변화 관리 프로그램도 반드시 필요하다. 이러한 변화 없이 애자일 확산을 시도한다면 절반의 성공조차 거두지 못한다.

애자일이 국내 경영 현장에서 뜨거운 감자가 된 건 불과 1~2년 사이의 일이다. 이에 따라 애자일에 대한 잘못된, 표면적인 이해로 생기는 오해도 만만치 않다.

- "우리도 아침마다 팀끼리 서서 조회한 다음 포스트잇으로 업무 상황을 체크해요. 이것도 일종의 애자일 아닌가요?"
- "부장이 업무를 애자일하게 하라고 하는데 결국 빨리 마치고 다른 일을 하라는 의미였어요."
- "팀원의 자율성을 확대한다고 했는데 업무에 대한 의사 결정을 할 때마다 오히려 팀장의 감시와 통제가 점점 심해져요."

모두 애자일에 대한 깊이 있는 이해 없이 섣불리 시도되어 나타나는 현상이다. 애자일의 형식을 파편적으로 차용하는 것과 애자일의 원칙을 내재화하여 일하고 문화를 근본적으로 바꾸는 것 사이에는 굉장히 큰 차이가 있을 수밖에 없다.

애자일을 조직 문화로 정착시키기 위해서는 애자일 본연에 대한 이해와 철학이 경영진과 임직원 모두에게 내면화돼야 한다. 직원들이 애자일 업무 방식을 도입하여 성공적으로 안착시키더라도 경영진이 그동안의 업무 방식을 고수하거나 잘 변화된 애자일 조직에 따른 성과 보상을 제대로 하지 않아 직원들이 애자일에 대한 열정을 잃게 하는 사례가 발생하지 않도록 해야 한다.

따라서 애자일 전문가를 영입하고 인재를 양성하는 것도 게을리해서는 안 된다. 임직원 간의 수평적인 커뮤니케이션도 필요하다. 애자일 프로세스와 방법론에 대한 교육도 반드시 병행되어야 한다. 뼈를 깎는 노력 없이 애자일의 단물만 취하려 한다면 오히려 안 하느니만 못한 결과를 얻을 수 있다.

연구 사례(자동차 기업 르노)

Build-Operate-Transfer

2015년 자동차 업계는 전기 차 시장의 급성장, AI, 사물인터넷, 인포테인먼트 기술 변화와 모빌리티 서비스 등 파괴적 혁신의 물결에 휩쓸렸다. 전통 완성 차 기업은 이전에는 경쟁자로 생각하지 않았던 IT업체의 무수한 도전을 받았다. 이러한 물결 속에서 르노는 북미와 유럽의 경쟁사 대비 새로운 혁신에 뒤처져 있다는 위기의식에 휩싸였다. 그래서 애자일을 적용한 업무 방식의 전환과 디지털 기술 적용을 통해 빠르고 고객 친화적인 기업으로의 변신을 꾀했다. 파일럿 형태로 진행했던 프로젝트 결과물도 우수해서 애자일에 대한 경영진의 기대감도 높았다.

하지만 문제는 확산이었다. 소수 과제를 파일럿으로 진행할 때는 예외가 허용되었지만 전사적으로 여러 과제를 동시다발적으로 수행하는 단계가 되자 기존의 조직과 시스템의 반발에 부딪히게 된 것이다. 예를 들어 르노는 엄격한 연간 사업 계획 아래 예산을 책정했고 계획 및 예산 변경을 큰 리스크로 여겼다. 애자일 경영에서는 짧은 프로젝트 주기를 거쳐 계획과 실행을 수정하고 예산의 증감액도 유연하게 결정하는데 이것이 받아들여지기 어려웠던 것이다. 폭넓은 혁신 활동을 위해 애자일 및 디지털에 특화된 인재도 대거 필요했으나 르노 내부에 그런 인재가 턱없이 부족했던 것도 문제였다. 새로 인재를 채용한다 하더라도 르노의 기존 인사 체계로는 그들의 전문성을 제대로 평가하고 보상할 방법이 없었다.

이러한 장벽에도 불구하고 변화의 속도를 늦출 수 없었던 르노는 BOT

라는 모델에서 돌파구를 찾았다. BOT란 Build-Operate-Transfer의 약자로 새로운 조직과 역량을 만들어Build 새로운 업무 방식과 문화로 운영하며 성과를 창출한 뒤Operate 이를 원래 조직에 다시 귀속하고 결합시킴으로써 변화를 완성한다Transfer는 의미다. 이를 위해 BCG와 르노는 르노 디지털 센터Renault Digital Centre라고 하는 자회사를 설립했다. 이는 BCG로서도 새로운 도전이었다.

1. Build

르노 디지털 센터는 르노에서 파견된 소수의 인력과 BCG 팀으로 구성됐다. 초기에는 BCG의 애자일, 디지털 인력 비중이 높았으나 BCG는 이후 전혀 다른 풀Pool에서 인재를 발굴, 채용했다. 애자일 전문가, 소프트웨어 엔지니어, 디자이너가 주요 채용 직군이었다. 기존 인재와 보유한 전문성이 상이한 이들을 채용하기 위해 채용 절차, 인터뷰 방식, 보상 수준과 체계 모두 기존 르노의 방식에서 탈피했다. 센터의 업무 공간도 르노 본사와 분리해 여러 직무 간의 자유로운 협업, 커뮤니케이션을 장려할 수 있는 열린 공간으로 설계했다. 1년도 되지 않아 외부에서 300여 명의 우수한 인재를 대거 영입할 수 있었다.

2. Operate

르노 디지털 센터는 기존 르노 조직에서 디지털 혁신이 필요한 100여 개의 아이디어를 발굴했다. 그리고 각 과제를 애자일 비즈니스 개발 방식으로 기획하고 개발하기 위해 노력했다. 르노의 최고 경영진과 BCG를 포함한 센터 운영진은 컨트롤 타워를 만들어 혁신 과제를 통합 관리하고 우선순위를 정했다.

센터의 애자일 전문성과 기존 르노의 사업 노하우를 결합해 새로운 혁신을 만들기 위한 핵심 장치는 바로 팀 구조였다. 과제가 정해지면 르노는 사업부에서 해당 시장과 고객에 대해 가장 이해가 높은 직원을 프로덕트 오너Product Owner로 선정해 센터에 파견했다. 프로덕트 오너는 센터 소속인 5~6명의 애자일, 디지털 전문가와 3~4개월간 한 팀이 되어 함께 MVP 제품을 기획하고 개발하며 애자일의 정수를 체험했다. 이 성공 체험은 기존 르노 조직에 저절로 입소문 나고 애자일에 대한 수요는 자생적으로 생겼다. 뿐만 아니라 센터에 파견 나왔던 프로덕트 오너가 르노 본사로 돌아가 애자일을 널리 알리는 애자일 챔피언이 되었다.

또한 르노는 애자일한 업무 방식을 폭넓게 확산하기 위해 애자일 프로세스와 방법론을 르노에 가장 적합한 형태로 개량했다. 그리고 조직 내 약 1,000명을 대상으로 교육을 실시하여 애자일에 대한 저변을 확대했다.

3. Transfer

르노 디지털 센터는 설립 2년 만에 BCG-르노 공동 운영에서 르노 단독 운영으로 운영 주체가 이양되었다. 당초 예상보다 반년이나 빠른 결과였다. 르노는 2년간 센터를 통해 창출한 누적 수익이 약 1조 원에 달할 것으로 집계했다. 센터가 더 이상 별동대가 아닌 혁신의 핵심 역량으로 거듭난 것이다.

BOT를 통해 애자일에 대한 자신감을 얻은 르노는 애자일을 기존 조직에도 다양하게 결합하며 확산을 가속화했다. 기존에는 새 차를 개발할 때 마케팅, 디자인, 개발, 양산, 영업 등의 순차적 업무 과정을 거쳤다. 그러나 애자일 신차 프로젝트에서는 유관 기능에서 각각 소수의 전문가가 하나의 애자일 팀을 구성한다. 서로 다른 시각을 가진 전문가가 모여 고객과 시장에 대한 조사를 진행하며 운전자, 탑승자의 숨은 니즈를 발굴하고 다양한 각도에서 해결 방안을 모색했다. 서로 다른 이해관계로 인한 지루한 회의와 조율 과정을 거치는 대신, 전문가가 하나의 팀으로 긴밀하게 협업하여 의사 결정 속도가 빨라졌다. 르노는 애자일 확산에 있어 신속하고 과감한 변화가 필요할 때 밖으로부터의 변화와 확산이 좋은 대안이 될 수 있음을 보여주는 대표적인 사례다.

애자일, 어디서부터 시작할 것인가?

애자일이 모든 산업, 모든 기업에 절대적인 해법은 아니다. 기업의 성격에 따라 애자일을 차용해야 할 범위, 애자일의 확산 속도는 달라진다. 보험사인 오렌지라이프^{전 ING생명}는 약 5년에 걸쳐 대대적으로 고객을 응대하는 모든 조직을 애자일 조직으로 재편하고 이에 따라 업무 방식과 시스템을 변화시켰다. 앞서 소개했듯 자동차 제조사인 르노는 디지털 조직 및 신차 개발 조직에 애자일을 부분적으로 접목했다. 우리 기업에 맞는 애자일의 업무 범위가 어디부터 어디까지인지를 설정하는 것이 전략적인 애자일 확산의 첫 단추라고 할 수 있다. 그렇다면 애자일은 어디서부터 적용해야 할까? 다음 기준에 따라 고민해보자.

- 고객 기준에서 직접적인 가치를 제공하고 이에 대해 고객의 피드백을 받을 수 있는가?
- 시장, 경쟁, 고객의 니즈 등이 빠르게 변하고 있거나 추후 그러할 가능성이 큰가?
- 복합 기능 전문가가 유기적으로 협업할 때 얻을 수 있는 융·복합 시너지가 큰가?
- MVP를 1~2년 내에 신속하게 개발하여 시장에 출시할 수 있는가?

애자일은 기업에 활력과 혁신을 불어넣을 수 있는 촉매가 된다. 이를 위해서는 업무 방식과 문화를 근본적으로 혁신하려는 최고 경영진의 굳은 의지와 열린 마음이 변화에 참여하는 직원과 반드시 상호작용해야 한다. 전통적인 기업이 보유한 기존의 장점과 애자일을 상호 보완적으로 결합시킨다면 강력하고 새로운 기업 문화를 만들 수 있다. 아직도 애자일을 어디서부터 시작해야 할지 모르겠다면 우선 고객을 정의하고 찾아가는 것에서부터 시작해보라. 모든 답은 고객에게 있다.

세상을 코로나19 이전과 이후로 나누다

최고의 복지는 안전

뉴노멀이 된 원격 근무

원격 근무가 오히려 생산성을 높이다

원격 근무의 효율을 높이는 4가지 요소

사이버 리스크에 대한 필수 대비책

코로나19로 인해 촉진되는 디지털 전환

바이오닉 기업이 되어라

PART **3**

미래의 기업이
일하는 법

세상을 코로나19 이전과 이후로 나누다

코로나19 팬데믹은 경제, 사회, 일상 등 인간 삶의 모든 분야에 큰 타격을 입혔다. 전 세계에서 동시다발적으로 발생한 엄청난 위기에 대응하기 위해 사람들은 다양한 방식으로 행동 변화를 일으킬 수밖에 없었다. 소비자는 이제 건강과 안전, 보건을 최우선으로 여기며 타인과의 직접적인 접촉을 줄이는 방향으로 행동한다. 소비는 물론 경제활동까지 가능한 모든 활동을 안전한 집에서 처리하기를 원하고 저축과 보험 상품의 구매를 늘리는 등 안전 자산을 확보하기 위해 노력한다.

　우리는 위기 상황에 대응하는 이러한 행동 변화가 일시적인 것이 아닐 수도 있다는 점을 반드시 고려해야 한다. 코로나19로 인해 촉발된 개인의 행동 변화 중 일부는 위기 상황이 지나간 이후에도 영구적으로 남아 삶과 세상을 변화시킬 것이다.

New Normal : 위기가 남긴 영구적 변화

코로나19 이후 시대에 대한 변화 예측

위기

행동 변화

소비자 | 업무 환경/업무 방식 | 산업 및 경쟁 구조

출처 : BCG Henderson Institute

소비자 변화
· Contactless 선호
· 건강&보건 최우선
· 집에서 모든 업무 처리
· 사이버 보안에 대한 걱정
· 저축&보험 상품 구입

업무 환경/업무 방식 변화
· 안전한 환경 선호
· 고용 보장(Job security) 요구
· 업무 생산성 저하&성과 투명성 강화

산업 및 경쟁 구조 변화
· 공유 경제 급후퇴
· 관광산업 장기 침체
· 가치 사슬(소비/생산 연결) 재조정
· 소비가 변화를 반영하는 新산업의
  성장, 회사의 차별화

개인은 소비자이기도 하지만 기업의 구성원이기도 하다. 개인의 행동 변화는 기업의 업무 방식 변화로도 이어진다는 의미다. 이 같은 변화는 주변에서 쉽게 찾아볼 수 있다. 안전한 근무 환경에 대한 요구가 높아지고 고용 보장에 대한 우려 역시 전례 없이 커졌다. 재택근무는 이전과 비교할 수 없을 정도로 보편화되었다. 코로나19 팬데믹은 경제, 보건, 사회에 큰 타격을 입혔으나 동시에 전례 없는 기회가 되기도 한다. 바로 전 세계적으로 유례없는 대규모 직장 실험이라는 기회다.

봉쇄 조치가 완화되고 개인과 사회, 기업 모두 점차적으로 감염병 환경에 적응하면서 기업은 직원을 안전하게 사무실로 복귀시키는 한편, 사업 운영 역시 재개하기 위해 노력하고 있다. 그러나 과거와 같은 방식은 더 이상 기업의 성공과 생존을 보장하지 않는다. 기업의 일상

은 이전과 완전히 달라져야 한다.

최고의 복지는 안전

역량 있는 직원이 기업의 가장 중요한 자산이라는 것은 부인할 수 없는 사실이다. 기업은 직원 이탈을 막고 로열티를 높이기 위해 금전적인 보상을 넘어서 다양한 직원 복지 정책을 시행한다. 코로나19의 세계적인 유행으로 인해 건강과 안전은 가장 중요한 직원 복지 중 하나가 되었다. 직원이 직장을 안전하다고 느끼지 못하는 한 기업은 코로나19로 인한 혼란을 극복할 수 없다. 반대로 건강과 안전을 보장할 수 있는 기업은 경쟁사에 비해 더 쉽게 최고의 인재를 유치하고 유지할 수 있을 것이다.

　중국 최대의 주방 용품 제조업체인 수포얼Supor은 코로나19로 인한 혼란을 막고 직원의 안전을 보장하기 위해 매우 적극적인 지원 정책을 마련했다. 수포얼이 배포한 업무 지침 중에는 감염을 최소화하기 위한 구내식당 이용법까지 포함되어 있었다. 바이러스 발병 초기부터 직원과 그 가족에 대한 건강검진을 실시했고 감염 예방을 위한 도구를 구매하여 배치했다. 철저한 준비 덕분에 수포얼은 세계보건기구WHO가 코로나19 팬데믹을 선포하기 훨씬 전인 2월 초부터 생산 라인을 재가동하며 빠르고 효과적으로 위기에 대응할 수 있었다.

　직원을 보호하고 인력을 효율적으로 관리하기 위해 기업은 사무실과 업무 현장을 안전하게 관리해야 한다. 개인 보호 장비를 갖추고 매일 직원의 건강 상태를 모니터링하며 직원에게 적절한 정보와 지원을 제공한다. 분할 근무, 재택근무, 개인별 업무 시간 조정 등 사회적 거리두기에 대한 기준도 설정해 시행한다. 직원의 복귀 준비 상태, 재택근무 및 새로운 직원 배치 요건 등을 고려한 새로운 조직 운영 방안도 마련해야 한다.

　고용 안전에 대한 보장 역시 중요하다. 지속적인 고용이 보장되지 않는 한 안정적으로 조직을 운영하기는 어렵다. 알리바바 소유의 중국 슈퍼마켓 체인인 허마Hema와 지역 비즈니스 사례는 혁신적인 발상의 전환으로 직원에게 지속적인 고용을 보장하면서 기업 손실도 줄인 좋은 예다. 식당, 호텔, 극장 등 내방 고객 위주의 영업을 하는 비즈니스에서는 코로나19로 인해 매출이 급격하게 감소하면서 휴업이나 구조조정, 인력 재배치 등이 불가피했다. 반면 허마는 배송 서비스의 증가로 인해 인력이 급히 필요했다. 허마는 매출 하락에 대처하기 위해 지역 비즈니스에서 조정된 인력을 대여하는 방식으로 인력 수요에 대처했고 직원들은 이런 방식으로 고용 안정을 보장받게 되었다.

뉴노멀New Normal이 된 원격 근무

미국 노동통계국과 보스턴컨설팅그룹BCG의 추산에 따르면 미국에서만 3천만 명 이상, 전 세계적으로는 최대 3억 명의 사무직 직원이 코로나

19로 인해 재택근무를 하거나 했던 것으로 추정된다. 회계 담당 직원, 조달 담당 직원, 인사부 직원은 물론이고 최고위 경영진까지 재택근무를 하는 직원의 업무와 직급 또한 다양하다. 이전에는 재택근무가 불가능할 것으로 생각했던 직업군, 예를 들어 콜센터 직원이나 금융 트레이더, 교사와 엔지니어도 사무실이나 교실이 아닌 곳에서 원격 근무를 하고 있다.

유연 근무로 인해 바뀐 업무 방식은 코로나19가 종식된 이후에도 계속될 것으로 보인다. BCG가 실시한 '미래의 직장Workplace of the Future' 기업 설문 조사에 따르면 기업은 앞으로 직원의 40퍼센트 정도가 원

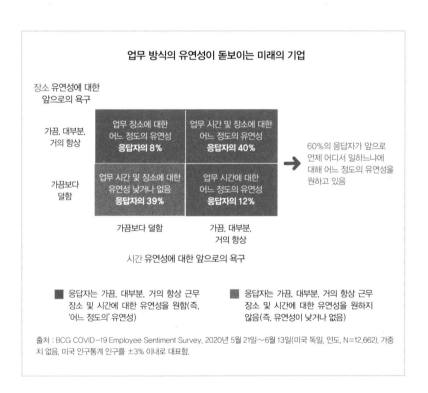

업무 방식의 유연성이 돋보이는 미래의 기업

장소 유연성에 대한
앞으로의 욕구

가끔, 대부분,
거의 항상

업무 장소에 대한 어느 정도의 유연성 **응답자의 8%**	업무 시간 및 장소에 대한 어느 정도의 유연성 **응답자의 40%**
업무 시간 및 장소에 대한 유연성 낮거나 없음 **응답자의 39%**	업무 시간에 대한 어느 정도의 유연성 **응답자의 12%**

가끔보다
덜함

가끔보다 덜함　　　　가끔, 대부분, 거의 항상

시간 유연성에 대한 앞으로의 욕구

60%의 응답자가 앞으로 언제 어디서 일하느냐에 대해 어느 정도의 유연성을 원하고 있음

■ 응답자는 가끔, 대부분, 거의 항상 근무 장소 및 시간에 대한 유연성을 원함(즉, '어느 정도의' 유연성)

■ 응답자는 가끔, 대부분, 거의 항상 근무 장소 및 시간에 대한 유연성을 원하지 않음(즉, 유연성이 낮거나 없음)

출처 : BCG COVID-19 Employee Sentiment Survey, 2020년 5월 21일~6월 13일(미국 독일, 인도, N=12,662), 가중치 없음. 미국 인구통계 인구를 ±3% 이내로 대표함.

격 근무를 하게 될 것으로 예상했다. 한 금융회사는 앞으로 직원이 근무시간의 50퍼센트 이상을 원격 근무로 소화할 것이라고 내다봤다. 코로나19 이전에 이 회사의 직원이 원격 근무로 소화했던 근무시간은 25퍼센트 정도였다. 이 같은 기업의 예상은 '일'에 대한 직원의 대대적인 인식 변화와 궤를 같이 한다. 조사에 응한 직장인의 60퍼센트는 언제 혹은 어디서 일할지에 대해 어느 정도 유연성을 원한다고 답했다. 이 응답 비율은 미국에서 67퍼센트로 가장 높았고 인도에서는 50퍼센트였다.

직원들뿐 아니라 기업의 매니저 역시 유연 근무 모델에 호의적인 태도를 보였다. 응답자 중 70퍼센트 이상의 매니저가 코로나19 이전에 비해 팀의 유연 근무 모델에 대해 더 개방적이라고 답했다. 직원이 원하는 것에 귀를 기울이고 적절하게 대응하는 것이 인재를 유치하고 또 유지하는 데 필수 요소라는 점을 감안하면 이는 매우 고무적인 일이다.

우리가 '일'이라고 부르는 것은 앞으로 훨씬 더 복잡하고 개별적인 형태를 띠게 될 것이다. 같은 시간에 같은 장소에 출근해 같은 일을 하는 획일적인 모습은 더 이상 존재하지 않을 수도 있다. 이는 어떤 기업에는 기회가, 또 어떤 기업에는 도전이 될 수 있다. 반가운 소식은 기업이 이미 원격 근무를 준비하는 데 적극적으로 투자하기 시작했다는 사실이다. 앞서 언급한 '미래의 직장' 설문 조사에서 87퍼센트의 고용주가 지속적인 원격 근무를 지원하기 위한 기술 및 디지털 인프라에 우선 투자할 것이라고 응답했다.

원격 근무가 오히려 생산성을 높이다

사람들은 '언젠가는' 원격 근무가 보편화될 것이라고 생각했다. 영화나 드라마, 공상과학소설 같은 것을 찾아보지 않더라도 디지털 시대를 맞이해 원격 근무의 보편화를 준비해야 한다는 목소리는 어디에나 있었다. 다만 그것이 '지금 당장'의 일이라고 생각하고 대비한 기업은 많지 않았다. 그런데 코로나19로 인해 원격 근무가 당장 눈앞의 현실이 되어 버린 것이다. BCG가 실시한 설문 조사에 따르면 코로나19로 인해 기업은 약 40퍼센트에 달하는 직원을 원격 근무로 전환해야 했다. 전례를 찾아볼 수 없을 정도로 높은 비율이다.

갑작스러운 변화에 대한 직원의 심리를 알아보기 위해 BCG는 대규

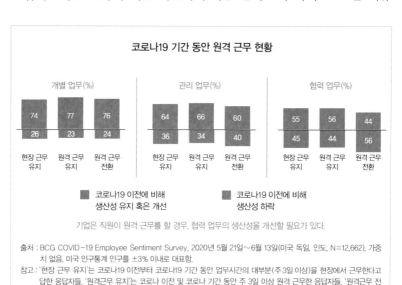

기업은 직원이 원격 근무를 할 경우, 협력 업무의 생산성을 개선할 필요가 있다.

출처 : BCG COVID-19 Employee Sentiment Survey, 2020년 5월 21일~6월 13일(미국 독일, 인도, N=12,662), 가중치 없음, 미국 인구통계 인구를 ±3% 이내로 대표함.

참고 : '현장 근무 유지'는 코로나19 이전부터 코로나19 기간 동안 업무시간의 대부분(주 3일 이상)을 현장에서 근무한다고 답한 응답자들, '원격근무 유지'는 코로나 이전 및 코로나 기간 동안 주 3일 이상 원격 근무한 응답자들, '원격근무 전환'은 코로나 이전 주 3일 이상 현장근무 하다가 코로나 기간 동안 주 3일 이상 원격 근무로 전환했다고 답한 응답자들임.

모 설문 조사를 실시했다. 미국, 독일, 인도에서 코로나19 사태 이전부터 근무한 1만2,000명 이상의 전문직 종사자를 대상으로 2020년 5월 말부터 6월 중순에 걸쳐 실시했다. 결과는 예상을 완전히 뒤엎었다. 코로나19 사태와 관련한 사회적인 혼란, 충분한 교육이나 준비 없이 갑작스럽게 도입한 원격 근무로 인해 직원의 생산성은 당연히 감소했을 것으로 예상했다. 그러나 놀랄 만큼 많은 수의 직원이 생산성을 이전 수준으로 유지하거나 심지어 증대할 수 있었다고 답했다.

물론 여기서 '생산성'은 객관적으로 측정된 수치가 아니라 직원이 주관적으로 평가한 것이다. 그럼에도 불구하고 조사 결과는 여전히 충격적이다. 무려 75퍼센트의 직원이 코로나19가 발생한 직후 몇 달 동안 데이터 분석, 발표 자료 작성, 행정 업무 실행 등의 개별적인 업무에서 생산성을 유지하거나 향상할 수 있었다고 답했다. 동료나 팀과 함께 협력해야 하거나 고객과의 상호작용이 필요한 일도 응답자의 절반이 넘는 51퍼센트가 생산성을 유지하거나 개선할 수 있었다고 답했다.

원격 근무의 효율을 높이는 4가지 요소

원격 근무, 혹은 원격과 현장 근무를 함께 하는 혼합 업무 환경에서 기업이 가상 우려한 부분은 여러 직원이 함께 협력해야 하는 업무다. 실제로 많은 기업이 협업을 위해서는 팀원들이 직접 만나야 한다고 생각한다. 그러나 전체 응답자의 절반 이상이 협력이 필요한 작업에서도 원격 근무를 통해 생산성이 유지되거나 오히려 개선되었다고 답했다. 이에 대한 이해를 위해 심도 있는 데이터 분석을 한 결과, 협력 업무의 생산성에 대한 직원의 인식과 상관관계가 있는 4가지 요소가 발견되었다. 바로 사회적 연결성, 정신 건강, 신체 건강, 업무 툴이다.

4가지 요인 모두에 대해 만족하거나 이전보다 개선되었다고 답한 응답자 중에서는 무려 79퍼센트가 협력 업무의 생산성이 유지 혹은 개선되었다고 답했다. 반대로 최소 3가지 요소에 대해 불만족 혹은 더 악화됐다고 답한 응답자 중에서는 같은 답변의 비율이 16퍼센트에 불과했다. 거의 40퍼센트에 달하는 큰 차이가 나타난 것이다.

그렇다면 각각의 요소가 미치는 영향은 어느 정도이고 이 요소에 대한 직원의 만족도를 높이는 방법은 무엇일까?

(1) 사회적 연결성

설문 분석 결과, 원격 근무 시 직원의 생산성에 가장 막대한 영향을 미치는 요소는 사회적 연결성이었다. 동료와의 사회적 연결성에 만족한 직원은 그렇지 못한 직원에 비해 협력 업무 생산성이 유지되거나 개선될 확률이 2~3배 더 높았다.

설문 응답자는 아무 때나 동료의 자리에 찾아가 이슈를 논하거나 어울리던 일상이 그립다고 말했다. 계획 없이 함께 하는 점심 식사, 복도에서 마주치면서 하는 대화 등 소위 '정수기 대화Water Cooler Moment'라 불리는 즉흥적인 연결과 그를 통해 형성되는 동지애는 원격 근무 환경에서는 형성하기 어렵다. 따라서 원격 사무실에서의 사회적 연결

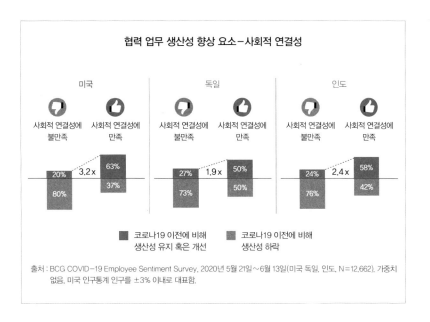

협력 업무 생산성 향상 요소 – 사회적 연결성

미국

사회적 연결성에 불만족 / 사회적 연결성에 만족

20% 3.2x 63%
80% / 37%

독일

사회적 연결성에 불만족 / 사회적 연결성에 만족

27% 1.9x 50%
73% / 50%

인도

사회적 연결성에 불만족 / 사회적 연결성에 만족

24% 2.4x 58%
76% / 42%

■ 코로나19 이전에 비해 생산성 유지 혹은 개선
■ 코로나19 이전에 비해 생산성 하락

출처 : BCG COVID-19 Employee Sentiment Survey, 2020년 5월 21일~6월 13일(미국 독일, 인도, N=12,662), 가중치 없음, 미국 인구통계 인구를 ±3% 이내로 대표함.

성을 극대화하는 방안을 찾는 것이 기업의 중요한 과제가 되었다. '사회적 연결성'은 원격 근무 시대에도 협업 생산성을 높이는 가장 중요한 요인이고 모든 기업에서 높은 협업 생산성은 커뮤니케이션 개선, 효율성 증대, 스킬 습득 가속화, 혁신 활동에 필수 요소이기 때문이다.

원격 근무 환경(또는 원격과 현장 근무의 혼합 환경)에서 사회적 연결성을 재창조하는 것은 쉽지 않다. 같은 팀에서 일하는 직원끼리도 우연히 마주치거나 대화할 기회가 드물어졌다. 일부 직원은 원격 근무를 하고 일부 직원은 현장 근무를 하는 상황에서 팀의 응집력을 유지하는 것도 도전 과제다. 특히 코로나19 이후 신규 채용된 직원의 경우 이전에 다른 직원과 만난 적이 없고 이후에도 사회적 관계를 형성하기 어려운 상황이므로 이들의 사회적 연결성을 확보하기란 더욱 어렵다.

이런 상황에서 기업은 물리적 사무실 환경에서 일어나던 비공식적인 상호작용을 온라인상에서도 모방할 수 있는 다양한 방법을 고민하고 있다. 온라인 서비스 기업인 깃랩GitLab은 매주 몇 시간을 온라인 커피 타임으로 정하고 그 시간 동안 직원의 비공식적인 만남과 대화를 위해 슬랙Slack을 사용하도록 권장한다. 또한 구글 행아웃Google Hangouts에 '랜덤 룸Random Room'을 만들어 누구든지 들러 동료 사이의 편안한 상호작용이나 정수기 대화와 비슷한 활동을 할 수 있도록 한다.

근무 중에 직원이 일 외의 대화를 나누는 것이 잡담이나 불필요한 것으로 느껴질 수도 있다. 그러나 이런 사적이고 소소한 대화가 직원 사이의 사회적 연결성과 소속감을 높이고 결과적으로 직원의 생산성을 높인다. 온라인으로 하는 모든 대화가 일에 관한 것일 필요는 없으며 동료 사이의 소통은 장려되어야 한다.

(2) 정신 건강

당연하게도 직원의 정신 건강은 생산성에 큰 영향을 미친다. 설문 결과에 따르면 코로나19 팬데믹 기간 동안 이전에 비해 정신 건강이 개선된 사람들은 정신 건강이 악화된 사람들에 비해 협력 업무의 생산성이 유지되거나 개선될 가능성이 2배 정도 더 높았다.

정신 건강이 업무에 미치는 영향에 대한 기업의 인식은 이전에 비해 많이 개선되었다. 문제는 직원의 정신 건강을 관리하는 것이 점점 더 어려워지고 있다는 것이다. 코로나19 사태로 인해 직원이 느끼는 스트레스는 이전과 비교할 수 없이 높아졌지만 원격 근무 중에 문제를 발견하고 해결하는 것은 쉽지 않다.

테라피스트와의 비밀 상담은 하나의 해결책이 될 수 있다. 스타벅스는 미국 내 전 직원과 그들의 법적인 가족 구성원에게 연간 20회 무료 테라피 세션을 제공할 것이라고 발표했다. 직장 커뮤니케이션 플랫폼 제공업체인 프론트Front는 직원 지원 프로그램의 일환으로 비밀 상담 서비스를 제공하는데 이 서비스를 통해 직원은 업무뿐 아니라 가족이나 재정 상황 등 개인 이슈와 관련된 어려움을 털어놓고 도움을 받는다.

무료 상담과 교육에 이르기까지 문제를 해결하기 위한 다양한 시도가 필요하다. 원격 근무 환경에서 직원의 정신 건강을 관리하고 지원하는 방안을 찾아내는 것은 기업의 또 다른 과제가 되었다.

(3) 신체 건강

직원의 신체 건강은 결근을 줄이고 일에 대한 집중력을 높임으로써 생산성에 영향을 미치는 중요한 요소로 여겼다. 기업은 사내에 체육관을 설치하거나 구내식당 메뉴를 업그레이드하는 등 직원의 신체 건강을 유지하기 위해 애썼다.

BCG가 실시한 설문 조사 결과 역시 신체 건강이 생산성에 영향을 미친다는 사실을 드러낸다. 코로나19 팬데믹 기간 동안 이전에 비해 신체 건강의 개선을 경험한 직원은 신체 건강이 악화된 직원에 비해 협업 생산성이 유지되거나 개선될 가능성이 2배 정도 높게 나타난 것이다.

그러나 코로나19로 인해 직원의 근무 환경이 바뀜에 따라 기존 방식으로는 직원의 신체 건강을 증진시키기 어려워졌다. 업무 시간의 경계가 불명확해지는 원격 근무 환경에서는 적절한 수면, 운동, 영양 보충을 위한 시간을 보장하는 것이 특히 중요하다. 팀 차원에서 매일 저녁 업무 자유 시간을 지정하거나 업무 관련 통화 가능 시간을 제한하는 것도 하나의 방법이 될 수 있다.

BCG는 직원을 위해 명상 세션, 온라인 운동 클래스, 건강 관련 웨비나Webinar 등을 제공한다. 직원이 직접 참여하는 건강 챌린지를 실시하고 챌린지 우승자를 기업 뉴스레터에서 집중 소개하기도 했다. 직원이 활용할 수 있는 다양한 건강 관련 정보를 온라인을 통해 제공하고 개개인이 이를 활용하여 건강을 관리하도록 동기를 부여하는 이벤트도 진행했다. 이는 직원의 건강을 지원하는 좋은 사례라 할 수 있다.

(4) 업무 툴

화상회의, 가상 화이트보드, 프로젝트 관리 소프트웨어 등에 대한 만족도를 묻는 질문을 통해 업무 툴 역시 강력한 생산력 동인이라는 사실을 확인했다. 툴에 대해 만족하는 직원은 만족하지 못하는 직원보다 협력 생산성이 유지되거나 개선될 가능성이 약 2배 높았다. IT 산업에 종사 중이라는 응답자는 '사무실과 집에서 똑같은 연결성의 데스크 업무 환경을 설정하는 것'이 생산성 유지에 필수라고 답했다. 다른 응답자 역시 디지털 애플리케이션 및 화상회의 툴 등이 생산성 유지에 중요하다고 답했다.

기업은 직원이 사무실이 아닌 공간에서도 일상 업무를 쉽고 편리하게 수행하도록 다양한 툴을 제공해야 한다. 다른 구성원과 협업하는 것 역시 수월하게 만들어야 한다. 재택근무를 하면서도 '직장'에 있는 느낌, 소속감을 주는 것 또한 중요하다.

시스코Cisco는 가상 업무 툴에 대한 투자에 있어서 다른 기업에 비해 훨씬 앞섰다. 시스코는 코로나19 이전에도 텔레프레즌스TelePresence 시스템을 매니저의 집에 설치하는 것에 투자했다. 텔레프레즌스는 물리적으로 구별된 2개의 방을 하나의 공간처럼 보이게 만드는 화상회의 기술로 직원이 원격 근무를 할 때도 생산성을 유지하고 협업을 원활히 진행할 수 있도록 돕는다.

오래 앉아 있어도 편안한 의자나 외부 모니터 등 홈 오피스를 구현할 수 있는 설비 구입 비용을 지원함으로써 직원이 집에서도 편안하게 일할 수 있도록 돕는 기업도 있다. 사무실 설비를 직원의 집으로 배송하거나 브로드밴드 비용을 보조하는 경우도 있었다. '일'의 개념이 바뀌고 업무 환경이 변함에 따라 기업은 기업 문화 및 업무 패턴에 맞는 구체적인 기술과 업무 툴을 선정하고 개발하여 지원하는 데 끊임없이 노력해야 한다.

사이버 리스크에 대한 필수 대비책

2020년 1월부터 코로나19라는 키워드가 포함된 인터넷 도메인이 인수되는 움직임이 포착되기 시작했다. 사이버 범죄자는 이러한 도메인

네임을 이용해 합법적인 코로나19 정보 사이트인 것처럼 보이게 사이트를 꾸미거나 미국질병관리본부나 세계보건기구 등 공신력 있는 기관에서 보낸 것처럼 보이는 이메일을 전송한다. 이런 인터넷 사이트나 이메일을 통해 악성 소프트웨어가 설치되어 개인 정보가 탈취되거나 회사 이메일 계정에 접근 권한을 갖게 된 사례가 있었다.

전 인류가 감염병과의 싸움을 벌이는 와중에도 사이버 범죄의 위험은 조금도 줄어들지 않았다. 오히려 충분한 준비 없이 갑자기 원격 근무가 보편화되면서 사이버 보안 리스크는 확연히 커졌다. 직원이 모두 사무실에 모여 근무할 때는 이더넷 케이블이나 기업의 와이파이 네트워크 등을 통한 건물의 물리적 보안에 의지할 수 있었다. 그러나 원격 근무를 할 경우 직원은 회사 외부에서 개인 기기를 활용하거나 개인 인터넷 회선을 이용하여 회사 서버에 접근한다. 코로나19의 확산으로 전 세계 헬스 케어 시스템의 취약성이 노출되는 것처럼 원격 근무로의 대규모 전환으로 인해 기존 인프라와 보안 조치가 새로운 시험대에 올랐다.

기업이 자산을 보호하고 사이버 리스크를 관리하기 위해서는 오른쪽 페이지의 표와 같은 7가지 사항에 대한 점검과 관리가 필요하다.

사이버 보안을 위해 직원이 사용하는 모든 기기에 방화벽을 암호화해 설치해야 하고 기업 내 아키텍처와 인프라에 대한 점검도 필요하다. 비정상적인 행동을 감지하기 위해 모든 원격 접속 로그를 모니터링하는 등의 활동도 필수다.

그러나 가장 중요한 것은 사이버 보안에 대한 직원의 인식을 제고하

코로나19 위기, 사이버 리스크 대비에 필수적인 7가지 수행 과제
① 원격 근무에 필요한 핵심 IT 인프라를 평가한다.
② 원격 근무자를 위한 응용프로그램과 기기에 보안 조치를 취한다.
③ 업무 연속성 계획에 사이버 보안 관련 항목을 포함시킨다.
④ 새로 원격 근무를 하게 된 인력에게 추가된 보안 위험에 대해 알린다.
⑤ 안전한 원격 근무를 위한 프로토콜과 행동 양식을 수립한다.
⑥ 기업 위기관리에 사이버 보안을 추가한다.
⑦ 접근 권한과 보안 조치를 업데이트한다.

는 것이다. 기술 지원이나 기부 요청, 코로나19 관련 정보 등으로 위장한 피싱 이메일 등의 위협 요소를 인지하고 방지하는 방법뿐 아니라 원격 협업을 지원하는 툴과 기술 사용법도 직원에게 알리고 교육해야 한다. 원격 근무자가 헬프 데스크 및 동료 직원의 신원을 확인하도록 엄격한 프로토콜을 만들어 유지하고 원격 근무와 관련된 안전 절차를 명시적으로 정의하여 배포해야 한다. 특히 최고위 경영진의 경우에는 가족 구성원까지 사이버 범죄 타깃이 될 수 있다는 사실에 대해 알리고 제대로 된 사이버 위생Cyber Hygiene을 실천하도록 교육해야 한다.

코로나19로 인해 촉진되는
디지털 전환Digital Transformation; DT

디지털과 인공지능Artificial Intelligence; AI은 최근 몇 년간 대부분의 기업 전략 로드맵 수립에 있어 빠질 수 없는 핵심 주제였다. 그리고 코로나19 팬데믹에 대응하는 과정에서 원격 근무나 온라인 영업 등의 증가로 디지털 전환은 빠르게 가속화되었다. 기업은 몇 년에 걸쳐 일어났을 법한 디지털 전환을 고작 몇 개월 사이에 경험하게 된 것이다.

2019년 코로나19 팬데믹 발생 이전 투자자를 대상으로 실시한 설문조사 결과에서도 디지털 전환은 기업이 가장 우선시해야 할 투자 영역으로 손꼽혔다. 그러나 코로나19 발생 이후에는 이 같은 인식이 더욱 도드라져 팬데믹 이후 경영진을 대상으로 실시한 설문 조사에서는 무려 77퍼센트의 응답자가 디지털 전환을 가속화할 필요가 있다고 답변했다. 위기를 계기로 디지털 전환 도입을 위한 투자를 증가시킬 것이라는 대답도 60퍼센트를 넘겼다.

BCG가 중국, 프랑스, 독일, 영국, 미국의 직장인 5,250명을 대상으로 실시한 디지털 전환 관련 설문 조사 결과, 직원 역시 같은 인식을 공유하고 있음이 명확히 드러났다. 직급에 관계없이 80퍼센트 이상의 응답자가 디지털 기술이 코로나19 위기에서 기업 생존에 도움이 된다고 응답했다. 앞으로의 상황에 대비해 디지털 전환에 대한 투자를 늘려야 한다는 응답 역시 압도적이었다. 매니저 직급에서는 83퍼센트, 일반 직원 중에서는 77퍼센트가 원격 근무나 화상회의 등을 위한 기술 투자를 늘리는 것을 지지했다. 직급을 막론하고 70퍼센트 이상의 응답자가 고객 지원을 위한 기술에 더 많은 투자가 필요하다고 답했다.

코로나19로 인한 디지털 전환의 가속화는 이미 전 산업 영역, 가치 사슬Value Chain의 모든 부문에서 전방위로 관찰된다. 제조 공업 분야에서는 증강현실을 활용한 가상 경험을 제공함으로써 고객 경험을 개선시킨 사례가 있다. 소매 부문에서는 오프라인 매장이 전면적으로 영업을 중단한 것과는 대조적으로 디지털 마케팅과 온라인 판매에 집중함으로써 30퍼센트 이상의 판매 증가를 보이기도 했다. 은행은 비대면으로 대출이나 계좌 개설 등의 업무를 처리하고 보험사 역시 코로나19로 인한 실적 악화를 막기 위해 디지털 서비스를 강화하고 있다. 이밖에도 AI나 머신러닝을 활용한 제품 생산 등 다양한 영역에서 디지털 전환이 이루어지고 있다.

디지털 전환을 가속화하기 위해서는 직원 트레이닝이 중요하다. 그러나 앞서 언급한 직원과 매니저 대상 설문 조사 결과 응답자의 대부분이 디지털 전환에 있어 지금까지 가장 비효율적이었던 부분으로 트레이닝을 꼽았다. 직원이 새로운 기술을 받아들일 수 있도록 기업은 다양한 교육과 훈련 기회를 적극적으로 제공하고 직원은 끊임없이 배우고 능력을 향상시키기 위해 노력하는 기업 문화를 조성할 필요가 있다.

바이오닉Bionic 기업이 되어라

영화나 소설 속에서 몸의 일부를 기계로 대체하여 힘이 세지거나 시력이 좋아지는 등의 능력을 갖게 된 히어로를 본 적 있을 것이다. 이렇듯 전자 기기나 기계장치를 통해 기존의 생물학적 능력을 향상시키는 것

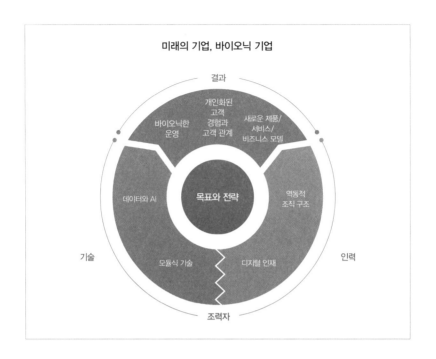

미래의 기업, 바이오닉 기업

결과

개인화된
고객
경험과
고객 관계

바이오닉한
운영

새로운 제품/
서비스/
비즈니스 모델

목표와 전략

데이터와 AI

역동적
조직 구조

기술

모듈식 기술

디지털 인재

인력

조력자

을 '바이오닉'이라고 일컫는다. 우리말로는 '생체공학적'이라고 번역되는
데 기업이 디지털 전환을 통해 궁극적으로 지향해야 할 목표가 바로
'바이오닉 기업'이 되는 것이다. 디지털 기술을 단순히 차용하는 것을
넘어서 완전하게 내재화하여 근원적인 경쟁력을 강화하는 것이다.

바이오닉 기업은 과연 어떤 모습이며 전통적인 기업이 바이오닉 기
업으로 거듭나기 위해서는 어떤 조치가 필요할까? 모든 질문에 대해
답을 가지고 있지는 않지만 다행히 아마존, 구글, 넷플릭스, 테슬라,
알리바바, 텐센트 같은 IT 네이티브 기업의 모습에서 그 방향성을 발
견할 수 있다.

바이오닉 기업은 왼쪽 페이지의 그림과 같은 모습이라고 생각할 수 있다. 기업의 존재 이유이자 기업이 세상에 기여하는 바인 기업 목표와 전략이 중심에 있어야 한다. 데이터와 AI, 모듈식 기술, 디지털 인재와 역동적 조직 구조의 4가지 요인이 기업을 바이오닉하게 만드는 조력자 역할을 맡는다. 그 결과 새로운 제품과 서비스, 개인화된 새로운 고객 관계, 바이오닉한 운영의 3가지를 성과로 얻는다.

바이오닉 기업으로 거듭나기 위해서는 5가지 요건을 갖춰야 한다. 첫째, 지속적인 혁신을 가능하게 하는 기업 환경 및 사업 모델이 중요하다. 연구 개발R&D이 중앙에 집중된 대신 자율성을 가진 몇 백 개의 팀이 각자 혁신을 이끌 수 있는 환경을 조성해야 한다. 둘째, 데이터와 AI를 활용해 끊임없이 학습하고 이를 통해 의사 결정하는 역량을 갖

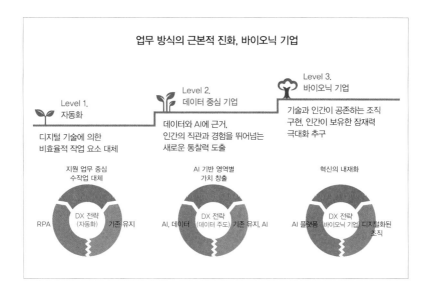

업무 방식의 근본적 진화, 바이오닉 기업

Level 1.
자동화
디지털 기술에 의한
비효율적 작업 요소 대체

Level 2.
데이터 중심 기업
데이터와 AI에 근거,
인간의 직관과 경험을 뛰어넘는
새로운 통찰력 도출

Level 3.
바이오닉 기업
기술과 인간이 공존하는 조직
구현, 인간이 보유한 잠재력
극대화 추구

지원 업무 중심
수작업 대체

AI 기반 영역별
가치 창출

혁신의 내재화

RPA | DX 전략 (자동화) | 기존 유지

AI, 데이터 | DX 전략 (데이터 주도) | 기존 유지, AI

AI 플랫폼 | DX 전략 바이오닉 기업 | 디지털화된 조직

취야 한다. 셋째, 주요 업무 프로세스를 소비자와 시장 중심으로 바꿀 수 있는 기술 시스템이 필요하다. 넷째, 단순 업무를 실행하는 것이 아니라 스스로 일을 디자인하고 평가하며 과정에 대한 혁신까지 이루어내는 디지털형 인재가 확보돼야 한다. 마지막으로 시장 변화에 유연하게 대응할 수 있는 새로운 조직 구조, 즉 애자일agile이 가능한 플랫폼형 조직 모델과 리더십이 갖춰져야 한다.

바이오닉 기업은 일하는 방식의 근본적인 진화를 목표로 한다. 디지털 기술에 의해 비효율적인 작업 요소가 대체되는 것을 '자동화', 데이터와 AI에 근거해 인간의 직관과 경험을 뛰어넘는 새로운 통찰을 도출하는 일을 '데이터 주도'라 한다면, 기술과 인간의 공존을 통해 인간이 보유한 잠재력을 극대화하는 것이 바로 '바이오닉' 기업이다.

즉, 바이오닉 기업의 핵심은 인간이 가진 창의력과 잠재력을 얼마나 끌어올릴 수 있는가에 있다. '바이오닉'이라는 용어에서 기계, 기술이 중심이라는 오해가 생길 수도 있지만 결국 중심에는 사람이 있어야만 한다. 기술은 그저 하나의 조력 장치일 뿐이다.

연구 사례(독일의 종합 화학 기업 BASF)
바이오닉 기업으로의 진화

세계 최대의 종합 화학 회사인 BASF는 코로나19 위기의 경험을 바탕으로 디지털 전환의 궁극적 경쟁력을 '바이오닉화'로 정의했다. 그리고 3단계에 걸쳐 디지털 전환을 추진했다.

가장 먼저 시도한 것은 디지털 기술에 대한 노출을 증가시킨 것이다. 유지 보수 현장에는 모바일 기기를 기반으로 한 증강현실을 도입하고 생산 현장의 정기 셔틀버스는 온디맨드on-demand 방식의 공유 차량으로 대체했다. 구성원에게 디지털 경험을 제공함으로써 구성원이 디지털 전환에 적극적으로 참여하도록 유도한 것이다.

이후 디지털 기술의 적용 영역을 점차 늘려 나갔다. 예측 정비 시스템을 통해 장비의 유지 보수 주기를 예측하여 시행함으로써 정비에 걸리는 시간을 단축시켰다. 생산 공정 중에 발생한 부산물과 남은 원자재 등을 다음 공정의 원자재나 에너지원으로 사용하도록 하는 '페어분트Verbund'에 빅데이터 분석을 적용해 최적화를 이룰 수 있었다.

BASF가 디지털 전환을 통해 궁극적으로 도달하고자 한 단계는 AI 등 고도화된 디지털 기술을 도입하여 일하는 방식에 근본적인 변화를 일으키고 미래를 대비한 근원적인 경쟁력을 강화하는 것이었다. 한 예가 원료 공급자부터 주요 대형 고객사까지 모든 이해관계자가 모두 클라우드 ERP 시스템으로 정보를 공유하도록 한 수평적 통합의 시행이다. 이를 통해 계획의 정확도와 생산 속도를 높이는 한편 비용은 줄임으로써 고객별 연간 8,000만 유로의 수익이 개선될 수 있었다.

PART **4**

경제와 환경,
두 마리 토끼 잡는
미래의 공장

전례 없는 충격

코로나19로 인해 충격 받지 않은 분야는 없지만 특히 제조업에는 직격탄이었다. 생산 현장에 반드시 직원이 있어야만 하는 제조업 특성상 코로나19 발생 이후 공장은 가동을 중단했다가 다시 가동하기를 반복해야 했다. 자동차 OEM 기업만을 놓고 봐도 600억 유로 이상의 EBITDA Earnings Before Interest Tax Depreciation and Amortization, 세전 영업 현금흐름가 사라진 것으로 추정된다. 미국에서는 65퍼센트 이상, 유럽에서는 90퍼센트 이상의 공장이 폐쇄를 경험했다.

이러한 영향은 단지 하나의 공장, 하나의 기업에만 미치는 것이 아니라 공급 사슬을 따라 무차별적으로 퍼져 나갔다. 기업이 공격적으로 효율성 개선을 추진하면서 신흥 경제국의 저비용 노동력을 이용하는 글로벌 공급 사슬을 창출한 까닭에 특정 국가, 특정 지역의 생산 차질

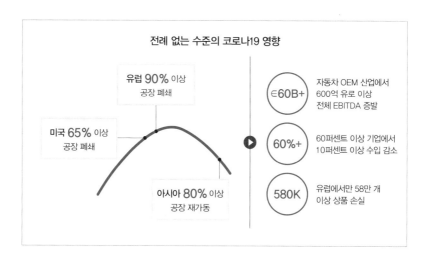

전례 없는 수준의 코로나19 영향

유럽 90% 이상 공장 폐쇄

미국 65% 이상 공장 폐쇄

아시아 80% 이상 공장 재가동

€60B+ 자동차 OEM 산업에서 600억 유로 이상 전체 EBITDA 증발

60%+ 60퍼센트 이상 기업에서 10퍼센트 이상 수입 감소

580K 유럽에서만 58만 개 이상 상품 손실

은 다른 국가의 공장과 기업에까지 연쇄적으로 영향을 미쳤다. 또한 기업은 운전자본 최소화를 위해 재고를 린Lean하게 관리했는데 공급량 버퍼를 보유하지 않는 이러한 관리는 공급 사슬 리스크를 더 크고 복잡하게 만들었다.

2011년 동일본 대지진과 쓰나미, 자연재해의 교훈

예상치 못한 자연재해로 인해 글로벌 공급 사슬이 영향 받는 일은 이전에도 있었다. 2011년 3월 동일본 대지진 당시, 일본 국내 경제만 둔화된 것이 아니라 전 세계 공급 사슬이 와해되었던 것이다. 피해 지역에 다수의 조립 공장과 공급업체 공장을 보유했던 일본 자동차 업체가 가장 먼저, 가장 극심한 피해를 입었고 더불어 전체 자동차 산업의 공급 사슬도 타격을 입었다. 뿐만 아니라 전자 장비 및 도장 완료 분야에서도 부품 부족 문제가 발생했다.

지진이 발생했던 분기에 일본 자동차 제조업체인 토요타의 순이익은 전년 동기 대비 77퍼센트나 하락했다. 재난 발생 후 약 한 달 동안 토요타는 일본 공장의 대부분을 폐쇄했고 부품 부족으로 인해 미국 공장까지도 몇 주 동안이나 생산능력의 30퍼센트만 가동했다. 혼다의 경우 분기 순수익이 전년 대비 38퍼센트 감소했으며 3개월 동안 일본 내 공장 여러 곳을 폐쇄해야 했다. 닛산 역시 몇 주 동안 40개 공급업체의 심각한 생산 차질, 공장 폐쇄 문제에 대응해야 했다.

바다 건너 멀리 떨어져 있는 지역에 본사를 둔 OEM도 경제적 후폭풍을 체감했다. 미국 디트로이트의 빅3 OEM은 잠정적 공장 폐쇄를 단행했고, 유럽의 OEM 역시 부품 부족으로 인한 생산량 감축을 실시해야 했다.

이후 전 세계 기업은 자연재해에 대비하기 위해 회복탄력성과 잉여 생산 역량을 구축할 필요가 있다는 것을 깨달았다. 문제는 필요성을 깨달았음에도 불구하고 적절한 조치는 이어지지 않았다는 점이다. 동일본 대지진 이후 몇 년이 지난 뒤에 실시한 BCG 조사 결과, 불과 25퍼센트의 기업만이 이러한 자연재해 위협에 적절한 대비가 되어 있다고 응답했다. 대부분의 기업은 여전히 재난 상황에 대해 사후 대처로 대응하며 그로 인한 공급 사슬의 와해를 또다시 목격하고 있다.

중국의 초기 대응에서 통찰해야 하는 위기 대비책

2011년 사례에 이어 우리보다 한발 앞서 바이러스 대유행을 경험한 중국에서 어떤 일이 벌어졌는지 살펴본다면 우리는 앞으로 일어날 일을 예상하고 어떻게 대응해야 할지에 대해 파악할 수 있다. 바이러스 초기 대응을 위해 중국 정부는 공장과 기업을 폐쇄하고 사람들의 이동을 제한했다. 바이러스 억제에 진전이 보인 뒤에는 적극적으로 일터로의 복귀 캠페인을 추진했으나 정상 수준으로 회복은 이루어지지 않았다. 이런 조치는 중국 산업 전반의 공급 사슬에 영향을 미쳤다.

　전자 제품 제조 산업의 예를 살펴보자. 전자 제품의 제조는 고도로 글로벌화된 산업으로 자재부터 완성품까지 하나의 제품을 생산하는 흐름이 중국 내에서만 해도 여러 지역에 걸쳐 이루어진다. 광시성에서 채굴된 희토류가 후베이성의 부품 제조 시설로 운송되고 완성된 부품은 또 다른 지역의 조립 시설로 이동되며 조립된 제품은 상하이나 광둥의 최종 조립, 테스팅 시설로 운송되어 인근 항만을 통해 중국을 떠난다. 원자재 중 일부는 아프리카나 남미에서 조달하기도 하고 최종 제품 조립은 대만, 베트남, 대한민국 같은 또 다른 나라에서 이루어지기도 한다. 이런 상황에서 물류 이동을 제한하자 공급 사슬은 전반적으로 와해되었다.

　사람의 이동이 제한된 것도 치명적이었다. 공급 사슬에서 초기 단계 활동은 대부분 자동화되어 있기 때문에 바이러스의 영향이 상대적으로 제한적이었다. 그러나 최종 조립 등 공급 사슬 후반 단계는 업

위기에 취약한 중국 전자 제품 제조 산업의 글로벌 공급 사슬

컴퓨터 제조 주요 지역 공급 사슬 단계

1 금속 수입, 희토류 금속 중국 내 채취

2 동남아시아, 중국, 미국 등에서
   실리콘 웨이퍼, 칩, PC 보드
   등의 부품 생산

3 미국, 대만, 일본, 필리핀 등에서 큰 조립 부품 생산

4 충칭에서 최종 조립 및 테스팅

5 충칭 혹은 선전 항구를 통해 전 세계로 제품 출하

Illustrative

Silicon mining
(China)

Potential
limitations
shipping raw
materials
from China

LCD Screens
(South Korea)

Batteries
(Japan)

Limitations shipping
components into China

Components
(Southeast Asia)

Limitations shipping
finished products to
the rest of the world

Potential COVID-19
impact

Mining: Cobalt, niobium,
gold, lithium, platinum

출처 : BCG
참고 : Dell과 Apple의 랩탑 공급 사슬에 기초

스트림 공급 충격에 민감할 뿐 아니라 노동집약적인 경우가 많다. 공장에 들어가기 위해서는 성의 봉쇄 구역을 통과해야 하는 이주 노동자가 많았기 때문에 노동력 부족으로 인한 대규모 생산 차질은 불가피했다.

결국 코로나19로 인한 피해 산업의 범위와 정도는 크게 증가될 가능성이 높다. 그러므로 코로나19로 인한 공급 사슬 와해 현상에 대응하기 위한 즉각적인 조치가 필요하며 또 다른 위기 상황이 발생할 경우에 대비한 장기 대응도 필요하다. 지난 2011년에 그랬듯 위기를 대비할 기회를 놓치는 실수를 다시 반복해서는 안 된다.

우선적으로 시행해야 할 위기 대응 조치

지금 당장 취해야 할 조치 중 가장 중요한 것은 직원의 안전을 확보하는 것이다. 사회적 거리두기를 시행하는 것은 물론, 감염 방지를 위한 위생 프로그램과 바이러스 발생 시의 방역 방안을 계획하고 시행할 필요가 있다. 직원의 사기와 업무 실적에 대해 계속 모니터링해야 하며 운영 재개 시에 활용할 가용 인력을 파악하고 인력 배치에 대한 계획도 세워야 한다.

위기 상황을 정확히 평가하고 대응할 전략을 세울 컨트롤 타워를 구성하는 일도 시급하다. 컨트롤 타워에 대해서는 최고위 경영진의 강력한 위임이 있어야 한다. 그래야만 적절한 역량을 가진 인재가 모여 변화하는 리스크를 매일 모니터링하면서 신속한 대응 방안을 만들고 시행할 수 있기 때문이다. 위기 대응과 관련된 의사 결정 권한이 부여되어야만 컨트롤 타워를 통한 핵심 재고의 확보, 백업 공급업체의 확보 및 최적의 운송 경로 설정 등 즉각적인 대응이 가능하다.

생산 역량과 자산을 보호하기 위한 조치도 필요하다. 위기 상황에서는 핵심 프로세스를 유지하고 시스템을 가동시키는 데 집중해야만 한다. 설비, 유틸리티, 시설, IT 시스템의 핵심 유지 보수 서비스에 대한 백업 플랜도 수립해야 한다.

정부와의 긴밀한 관계 유지도 중요하다. 바이러스 확산을 막기 위해 취해지는 조치와 새로운 규제에 충실히 따라야 하며 가능한 재정적 지원이나 세금 지원 방안을 확인하고 신청해야 한다.

마지막으로 직원을 포함한 모든 이해관계자와 적극적으로 소통해야 한다. 실시간으로 커뮤니케이션할 수 있는 채널을 확보하고 확보한 정보에 대해서는 최대한 투명하게 소통하는 것이 중요하다. 반드시 매일 커뮤니케이션해야 하며 상황이 허락하는 한 커뮤니케이션 빈도는 늘릴 필요가 있다.

미래의 공장은 어떤 모습일까?

진부한 말이지만 위기는 곧 기회다. 위기가 닥쳤을 때 임기응변식 대응으로 일관하는 대신 장기적 관점에서의 변혁을 시도한 기업이 위기 이후 시장 지배적인 사업자로 변모한 사례는 많다. 앞서 언급한 우선적 조치뿐만 아니라 '미래의 공장'으로 변모하기 위한 장기적 변혁도 함께 시도해야 한다.

그렇다면 미래의 공장은 어떤 모습일까? 미래의 공장에서 제조업체는 새로운 설계 원칙을 적용하고 디지털 기술을 활용하며 가치 사슬 전반의 프로세스를 통합함으로써 생산성을 향상시킬 것으로 보인다. 이로 인해 전체 전환 원가는 40퍼센트 이상 절감되고 유연성, 품질,

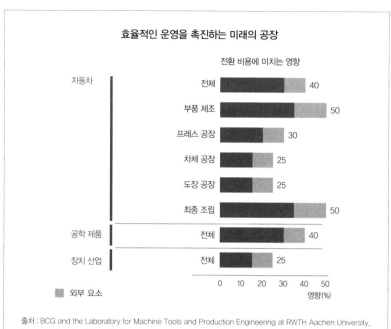

효율적인 운영을 촉진하는 미래의 공장

전환 비용에 미치는 영향

자동차		
	전체	40
	부품 제조	50
	프레스 공장	30
	차체 공장	25
	도장 공장	25
	최종 조립	50
공학 제품	전체	40
장치 산업	전체	25

0   10   20   30   40   50
영향(%)

■ 외부 요소

출처 : BCG and the Laboratory for Machine Tools and Production Engineering at RWTH Aachen University, 2016 Factory of the Future Study.
참고 : The full effect will be achieved approximately ten years after the start of implementation, the net effect assumes moderate inflation(1% to 2%).

속도, 안전성 역시 개선될 것으로 보인다.

이상을 실현시키기 위해서는 공장의 구조, 공장의 디지털화, 공장의 프로세스라는 3가지 요소에 집중해야만 한다. 또한 변혁을 가능하게 하는 3가지 실행 가능 요인, 즉 전략과 리더십, 직원의 역량, IT 인프라와 관련된 내용도 해결해야 한다.

미래의 공장 구조는 쉽게 재구성할 수 있고 호환도 가능한 모듈식 생산 라인과 기계로 이루어질 것이다. 예를 들어 토요타는 멕시코와 중국에 '단순하고 간단한' 생산 라인을 구축하고 있다. 모듈식 컨베이어를 피트^{pit}가 아닌 공장 작업장에 설치해 근로자는 훨씬 더 유연하게 라인의 길이를 조정하거나 라인의 설비를 이동시킬 수 있다. 고정된 컨베이어 대신 무인 이송 시스템을 이용함으로써 제품을 한쪽 방향만이 아니라 원하는 방향으로 자유롭게 이송시킬 수 있다. 기계와의 커뮤니케이션을 통해 제품을 필요한 조립 단계로 간단히 이동시킬 수 있기 때문에 조립 레이아웃을 아주 간단하게 변경할 수도 있다. 또한 미래의 공장은 에너지와 자재를 효율적으로 사용하여 친환경적으로 지속 가능한 생산이 되도록 설계될 것이다.

제품 제조에 있어 디지털 기술은 점점 더 많이, 더 다양하게 사용되고 있다. 특히 근로자에 비해 훨씬 더 복잡하고 어려운 작업을 쉽게 수행할 수 있는 로봇의 이용이 두드러진다. 생산 중인 제품에서 정보를 수집해 자동으로 행동을 조정할 수 있는 스마트 로봇, 인간의 작업을 보조하는 협동 로봇은 현재도 많이 이용되지만 앞으로는 그 사용이 현저히 늘어날 것으로 보인다.

3D 프린팅 기술은 그 무한한 잠재력에도 불구하고 현재는 프로토타입이나 샘플 제작에만 한정적으로 사용하는 경향이 강하다. 그러나 앞으로는 3D 프린팅 기술이 널리 사용될 것이다. 또한 스마트 안경 등 증강현실 기술이 조립, 유지 보수, 물류 관리 등에 널리 사용될 것이다. 생산 흐름을 3D 시뮬레이션을 통해 구현함으로써 작업자가 작업 전에 미리 업무 흐름을 익히도록 교육할 수도 있다.

빅데이터와 고급 분석 기술을 활용해 생산 중에 일어날 수 있는 다양한 변수를 검토한다. 또한 제품과 기계, 사람 간의 커뮤니케이션을 가능하게 함으로써 자율적인 생산 프로세스를 수립할 수도 있다.

다양한 디지털 기술을 활용해 제조업체는 제조 프로세스의 최적화에 도달할 수 있다. 빅데이터 분석 기술을 통해 고객 니즈에 대한 이해도를 높이고 상품의 설계와 생산 프로세스를 개선하여 결과적으로 더 많은 가치를 창출할 수 있다.

가치 사슬의 통합과 데이터 공유

장기적인 관점에서 준비할 것 중 하나는 바로 데이터 공유를 통한 가치 사슬의 통합과 운영 개선이다. 데이터는 미래의 공장에 있어 가장 핵심적인 요소나 다름없다. 많은 제조업체가 고급 분석Advanced Analytics, AI 등의 새로운 디지털 기술을 도입해 혁신을 이루고 이러한 디지털

기술은 데이터의 정확한 적용과 관리 없이는 효과적으로 운영되기 어렵다.

그러나 현재는 데이터 공유가 각 기업 내에서, 각 공장 단위 안에서만 이루어지고 있다. 이는 투자 수익의 극대화를 방해하는 요소다. 공장 간, 기업 간 데이터 공유가 이루어진다면 제조업체는 혁신을 가속화할 뿐만 아니라 더 많은 가치를 창출할 수 있다. 세계 경제 포럼World Economic Forum과 BCG가 함께 한 연구 결과에 따르면 72퍼센트의 제조업 매니저가 데이터 공유를 통해 공장 운영 개선을 이룰 수 있다고 답했다. 데이터를 공유할 경우 제조 공정의 최적화만으로도 무려 1,000억 달러에 달하는 효과를 거둘 것으로 추정한다.

기업 간 데이터 공유를 통해 또 어떤 효과를 기대할 수 있을까? 가장 먼저 자산의 최적화를 생각할 수 있다. 같은 유형의 기계와 시스템을 이용 중인 사용자 사이에 데이터 공유가 이루어지면 예측 정비Predictive Maintenance 등의 알고리즘을 더 개선시킬 수 있고 이를 통해 설비 가동 시간 증가, 제품 품질 향상 등의 효과를 얻을 수 있다.

또한 가치 사슬 전체에 걸쳐 데이터 공유가 일어나면 생산 초기부터 완료까지 제품 상태와 이동 관련 정보를 추적할 수 있다. 이를 통해 제품 생산 프로세스에서 발생할 수 있는 중복을 막고 책임 소재를 분명히 하며 고객에게 더 투명한 정보를 제공하여 진품과 가품 판별도 더 쉬워진다.

물론 데이터는 자사 내 부서 사이에서도 감추는 경우가 있을 정도로 민감한 부분이다. 기업 간 데이터 공유는 더욱 조심스러운 접근이 필요하다. 그러므로 기업 간 정보 공유를 위해서는 우선 어떤 데이터를 어떻게 공유해서 어떤 가치를 획득할지에 대해 정확한 이해와 합의가 이루어져야 한다. 또한 데이터 공유를 통해 얻는 이득이 모든 이해관계자에게 이득이 된다는 것을 명확히 해야 한다.

데이터 공유는 다음 5단계 절차에 따라 시작할 수 있다. 우선 데이터 공유를 통해 해결되는 경영상의 도전 과제가 어떤 것인지 명확하게 정의한다. 그리고 이에 대한 적용 방안을 찾아본다. 찾아낸 방법 중 실행 가능한 것을 선정한 뒤 그에 적합한 파트너를 찾는다. 마지막으로 협업에 적합한 모델을 선정한다.

데이터 공유를 위해서는 이를 가능하게 하는 4가지 요소가 필요하다. 적절한 기술, 공동의 표준, 법규와 규제에 관련된 투명성 그리고 가장 중요한 데이터 공유에 참여하는 파트너 간의 신뢰다. 신뢰를 바탕으로 하지 않은 데이터 공유는 모래성과 같아서 결국 와해될 수밖에 없다.

미래의 공장 비전을 실현시키기 위한 3가지 요소

미래의 공장 비전을 실현시키기 위해서는 전략과 리더십, 직원의 역량, IT 인프라 관련 문제 등 3가지 요소와 관련된 이슈를 반드시 해결해야 한다. 가장 선행해야 할 것은 전략과 리더십 관련 이슈의 해결이다. 미래의 공장으로 변모하는 것을 전체 기업 전략의 주축으로 삼아야 한다. 전략적 비전이 갖춰져야 체계적인 실행 프로세스를 이끌어 갈 수 있기 때문이다. 또한 정확한 업무 분장과 새로운 조직 구조도 마련해야 한다. 부서 간 커뮤니케이션 부족, 불분명한 업무 분담 등의 거버넌스governance 문제가 변혁의 발목을 잡지 않도록 해야 한다. 또한 미래의 공장을 만들기 위해서는 권위적Authoritarian 리더십에서 조언가형 Advisory 리더십으로 리더십의 변화도 필요하다. 이러한 조직 관련 이슈는 변혁의 중요한 도전 과제다.

IT 기술과 관련한 직원의 역량도 뒷받침되어야 한다. 로봇과 컴퓨터 사용이 일반화될수록 조립과 생산의 단순 작업은 점차 사라지는 대신 IT와 데이터 등의 과학기술을 요하는 작업은 증가할 것이다. 이에 따라 IT 인재를 새롭게 고용하거나 기존 직원의 역량을 강화할 필요가 있다. 특히 기존 직원의 역량 강화를 위해서는 직원이 계속해서 새로운 기술을 습득하려는 의지를 유지할 강한 동기부여가 필요하다. 모바일 기기를 활용한 셀프 러닝 프로그램 등 다양한 교육 방안이 고안되어야 한다.

더불어 디지털 변환을 가능하게 할 IT 인프라도 마련되어야 한다. 생산 데이터를 확보하고 저장하기 위해서는 공장 전체를 연결하는 인프라와 기술이 필요하다. 또한 안정적인 데이터 교환을 보장하기 위한 보안도 중요하다.

환경·생태적 지속 가능성Sustainability 확보

디지털 기술을 기반으로 한 제조업의 변화는 제조업 자체의 미래만이
아니라 전 인류의 미래도 바꿀 수 있다.

아래 그림에서 확인할 수 있는 것처럼 제조 산업은 전체 탄소 배출
의 42퍼센트를 차지하고 있다. 유엔의 기후변화에 관한 정부 간 협의
체에 따르면 2050년까지 지구의 평균 온도 증가를 섭씨 1.5도 이내로
제한하는 목표를 달성하기 위해서는 전 세계 온실가스 순 배출량이
매년 5퍼센트씩 감소해야만 한다. 이 목표는 제조업의 변화 없이는 달
성하기 어렵다.

코로나19는 기후 문제에 심각한 위협이 되었다. 당장은 제조업의 가

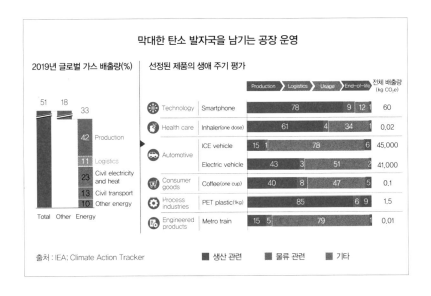

동 중단, 이동 제한 조치 등으로 인하여 탄소 배출량이 감소한 것처럼 보인다. 그러나 실상은 그렇지 않다. 많은 산업 부문에서 생산 및 사업 모델은 여전히 화석연료에 의존하고 있다. 그런데 코로나19로 인한 수요 충격과 산유국에 의한 공급 과잉이 석유 시장에 타격을 주어 가스 및 석탄 가격이 하락했다. 자연히 저탄소 대체에너지원의 경제성이 약화되었다. 이런 상황에서 코로나19가 전반적인 경제에 타격을 주어 탈탄소화에 투자할 자금을 조달하는 것도 어려워졌다.

가장 심각한 문제는 일자리와 경제, 국민 건강이 동시에 위협받는 상황으로 인해 기후 문제가 대중은 물론 각국 정부의 관심사에서도 멀어지고 있다는 점이다. 그러나 코로나19뿐 아니라 기후 문제 역시 생존에 관한 치명적이고 중요한 문제라는 점을 절대 잊어서는 안 된다.

기업은 제조 과정에서의 탄소 발생을 최대한 절감하기 위해 노력해야 한다. 신기술을 적극적으로 도입하여 에너지 효율을 높이거나 기존의 고탄소 생산 프로세스를 저공해 프로세스로 변경해야 한다. 재활용, 재사용, 재제조 등도 탄소 발생을 낮추는 좋은 방법이다.

물론 이런 변화에는 투자가 필요하다. 기억해야 할 것은 경제적 지속 가능성과 환경적 지속 가능성은 밀접하게 연관되어 있다는 점이다. 탄소 발생을 줄이기 위한 방안은 기본적으로 에너지 효율을 높이거나 에너지 재사용을 촉진하므로 본질적인 생산 비용을 줄인다. 또한 각국 정부가 탄소 배출을 줄이기 위해 제공하는 각종 보조금이나 장려금도 제공받을 수 있다. 탄소 배출에 매겨지는 세금도 피할 수 있다. 환경친화적인 제품에 대한 소비자의 선호가 지속적으로 커지고 있다는 것도 고려해야 할 부분이다. 무엇보다도 기후 문제가 해결되지 않는 이상 인류는 존재할 수 없고 인류의 생존이 담보되지 않는 이상 경제나 시장 역시 존재할 수 없다는 점을 명심해야 한다.

지금 당장 변혁을 시작하라

BCG가 연구를 통해 제안하는 미래의 공장 실행 로드맵은 다음과 같다. 모든 제조업체는 이 로드맵을 반드시 각자의 구체적인 출발선에 맞춰 적용해야 한다. 대부분의 제조업체는 이미 디지털 사용을 실천하는 경쟁업체에 뒤처지지 않기 위해서 중단기적으로 공장 디지털화에 주력해야 한다. 공장 구조의 변경은 전체 설비와 공장 레이아웃에 영향을 주기 때문에 중장기적으로 추진되어야 하며 주로 공장 개조나 신상품 모델 출시와 함께 추진된다. 공장 프로세스와 관련해서는 지속적으로 신기술을 추진해 기존 린 경영 어젠다의 확장선상에서 프로세스를 개선시키고 고객 만족도를 향상시켜야 한다. 제조업체는 근본적으로 실행 가능 요인이 확립될 수 있는 지원을 즉시 시작해야 한다. IT 인프라를 수립하고 기존 직원을 교육하거나 신규 직원을 채용하는 것은 많은 시간이 소요되는 일이기 때문이다.

　제조업체가 각 상황에 맞는 실행 로드맵을 그려 나갈 수 있도록 BCG는 '헬스 점검Health Check' 프로그램을 개발했다. 기업의 실행 노력 현황을 한눈에 평가할 수 있는 툴이다. 결과는 다른 공장, 업계 평균,

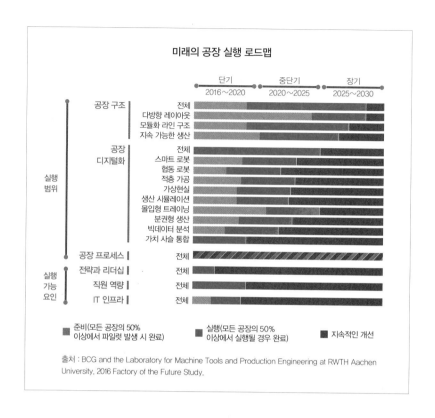

미래의 공장 실행 로드맵

| | | 단기
2016~2020 | 중단기
2020~2025 | 장기
2025~2030 |

실행 범위

공장 구조
- 전체
- 다방향 레이아웃
- 모듈화 라인 구조
- 지속 가능한 생산

공장 디지털화
- 전체
- 스마트 로봇
- 협동 로봇
- 적층 가공
- 가상현실
- 생산 시뮬레이션
- 몰입형 트레이닝
- 분권형 생산
- 빅데이터 분석
- 가치 사슬 통합

실행 가능 요인

공장 프로세스 — 전체

전략과 리더십 — 전체

직원 역량 — 전체

IT 인프라 — 전체

■ 준비(모든 공장의 50%
이상에서 파일럿 발생 시 완료)　　■ 실행(모든 공장의 50%
이상에서 실행될 경우 완료)　　■ 지속적인 개선

출처 : BCG and the Laboratory for Machine Tools and Production Engineering at RWTH Aachen University, 2016 Factory of the Future Study.

동종 업계 경쟁 기업과 비교되어 회사의 시작점을 결정하는 데 활용된다.

헬스 점검에서 파악한 사항을 어떻게 해결할지에 대해 논의하기 위해 임직원들은 BCG의 운영 혁신 센터Innovation Center for Operations; ICO가 운영하는 모델 공장의 최첨단 기술 워크샵과 시연회에 참석할 수 있다. 어떤 사례를 활용할지 선별하기 위해 기업은 200개가 넘는 미래의 공장 적용 사례 BCG 데이터베이스를 필터링하여 공장 요소와 공장 종류별로, 또 특정 산업에 대한 적용 가능성별로 구분해 검토할 수 있다. 이후 ICO 전문가들이 회사의 공장 팀과 사례를 상세히 논의해 가능성 있는 기술 벤더 목록을 평가하고 기회를 파악해 예상되는 재무적·비재무적 혜택까지 평가한 후 관련 실행 비용과 필요한 투자 금액을 수치화한다.

제조업체는 이미 미래의 공장에 대한 비전을 부분적으로나마 실행 중이다. 그러나 비전을 실현시키기 위해서는 각각 사례의 개별적 실행 이상으로 많은 노력이 필요하다. 새로운 설계 원칙과 디지털 기술에 대한 총체적인 적용을 통해 선도 제조업체는 공장 운영의 모든 요소를 스마트하게 조율하고 공급업체에서 최종 소비자에 이르는 가치 사슬을 통합해야 한다. 전면적 도입으로의 전환에 최초로 성공하는 제조업체는 산업 운영의 새로운 시대를 열게 될 것이다.

PART 5

디지털 기반의
구매 체계 구축

위기의 시기, 구매는 무엇을 할 것인가?

전 세계적으로 코로나19는 여전히 맹위를 떨치고 있다. 아직도 많은 국가가 감염을 통제하지 못하여 지역, 기업, 학교의 봉쇄와 해제가 반복되고 있다. 필연적으로 공급망의 리스크도 증가했다. 이런 시기에 기업의 구매 조직은 대체 무엇을 할 수 있을까?

코로나19에 대해 묘사할 때 '전례가 없는' 혹은 '전대미문의' 감염병이라는 표현을 흔히 사용한다. 그 충격의 강도와 범위를 고려하면 틀린 말은 아니다. 그럼에도 불구하고 참고할 만한 과거의 사건은 존재한다. 가깝게는 2003년 사스SARS부터 멀게는 1968년 H3N2, 1959년 H2N2, 1918년 스페인 독감까지, 지난 경험으로 미루어 볼 때 코로나19 팬데믹으로 발생할 가능성이 가장 높은 경제적 결과는 V자형 회복이다.

경제가 급격한 하향세를 보이는 V자의 첫 번째 구간을 지나고 나면 급격한 성장과 수요의 급증이 나타나는 V자의 두 번째 구간이 반드시 나타난다. 첫 번째 구간에서 나타나는 위기를 성공적으로 견디고 극복한 이에게는 분명 달콤한 열매가 주어질 것이다. 바로 이 부분을 준비하기 위해 구매 조직의 역할이 중요하다. 급증하는 수요를 만족시키기 위해서는 공급의 연속성이 확보되어야 한다. 이는 기업이 당장의 위기를 혼자가 아니라 공급업체와 함께 견뎌야 함을 의미한다. 재정적인 어려움으로부터 공급업체를 어떻게 보호할 것인지, 재하청 공급망 안정화를 위해 취할 수 있는 행동에는 어떤 것이 있을지, 경제 반등 시 경쟁에서 두각을 드러내기 위해 공급업체와 함께 할 수 있는 노력은 무엇인지 등 방안을 찾고 공급업체와 돈독한 관계를 유지해야 한다.

또한 지금의 위기를 디지털 전환 촉진 기회로 삼자. 코로나19의 시대, 구매의 중요성과 그 영향력은 이전과 비교할 수 없이 커졌다. 산업의 종류를 막론하고 전 세계 거의 모든 기업이 전대미문의 불확실성 속에서 비용 절감 압박에 시달리고 있기 때문이다. 반면 구매 운영은 더 복잡하고 어려워졌다. 구매 프로세스의 최적화에 성공하여 비용을 효율적으로 사용하던 기업도 마찬가지다. 혼란과 불확실성은 공급 사슬을 따라 경제와 기업 생태계 전반에 영향을 미친다.

구매 및 공급망 관리 영역에서의 디지털라이제이션digitalization은 이런 어려움을 극복하는 하나의 방안이 될 수 있다. 디지털라이제이션의 궁극적 지향점이 단순한 비용 절감을 넘어서 공급망 전체의 상생과 경쟁력 강화에 있기 때문이다. 따라서 분석 기반의 구매 전략 방향 설정, 소싱-계약-발주의 구매 운영에 있어 디지털라이제이션 적용, 자재 관리 체계에 있어 디지털 솔루션 도입 등 구체적인 사례를 통해 구매와 공급망 관리 영역에서의 디지털라이제이션을 심도 있게 살펴보는 것은 아직 미래를 준비하지 못한 기업에게 중요한 지침이 될 것이다.

구매가 디지털 혁신을 이끈다

2019년 가을, 독일 뮌헨의 한 호텔에 글로벌 주요 기업의 CPO^{Chief Procurement Officer} 80여 명이 모였다. BCG 주최로 구매 및 공급망 관리의 미래에 대해 논의하는 자리였다. 기업에서 구매와 공급망 관리를 총괄하는 참가자들은 저마다 로봇 소프트웨어로 이루어지는 발주, 3D 프린터가 이끄는 부품 공급망의 변화, 센서와 소프트웨어로 가능한 예지 정비 체계 등에 대해 활발한 토론을 이어 갔다. 자사에 실제로 적용해 거둔 효과에 대해서도 설명했다. 참가자들은 이런 변화가 미래의 구매 자체를 변화시킬 것으로 확신했다.

특히 참가자 모두가 주목한 것은 구매 전략부터 구매 프로세스까지 디지털 변혁이 광범위하게 진행되면서 구매 부서의 역할이 완전히 바뀔 것이라는 점이었다. 단순히 발주를 하고 사후 관리를 맡는 백오피스에서 구매 부서가 전사적인 비용 절감의 방향성을 제시하는 전략적 파트너로 변신하게 되리라는 기대였다.

흔히 '구매' 혹은 '조달'로 번역되는 Procurement라는 용어는 사실 우리말로 딱 떨어지게 표현하기가 무척 어렵다. 단순히 기업이 상품과 서비스를 사들이는 구매Purchasing뿐 아니라 공급 시장을 분석하고 업체를 탐색하는 소싱Sourcing 활동, 가격 지불 조건에 대한 협상과 계약에 이르는 전략까지를 모두 포함하는 말이기 때문이다. 아직까지는 적절한 용어가 없어 '구매'라는 말을 사용하지만 본문에서 일컫는 구매란 Procurement를 의미한다는 사실을 염두에 두고 읽어주길 바란다.

디지털이 변화시킨 Procurement

디지털 기술은 분석데이터 관리 및 머신러닝과 같은 AI기술, Advanced Analytics, 프로세스Robot Process Automation; RPA, 협업정보 공유, 인식디지털 스캐닝, 비저닝 기술 등 크게 4가지 영역에서 구매를 변화시키고 있다. 이 기술은 구매 전략, 구매 운영과 관리, 현황 모니터링 등 구매의 전 과정에 골고루 도움을 준다. 여기서는 기술 자체에 대해 설명하기보다 각 기술이 구매 분야에서 어떻게 적용되는지 사례를 살펴보고 대한민국의 기업 구매 담당자 및 운영 책임자에게 주는 시사점을 찾기로 한다.

(1) 구매 전략 : 고도화된 분석 툴을 기반으로 구매 전략의 방향성 재설정
    빅데이터 분석 툴, 원가 분석 기법, 전자 카탈로그, 비딩 분석 툴, 디지털 협상 코치 등의 기술이 도입되면서 구매 카테고리 관리 체계와 소싱 전략 자체가 변하고 있다.

① 빅데이터 분석 툴을 활용한 비용 큐브 분석

소싱의 글로벌화, 발주 조건의 세분화, SAP 등 재무·관리 시스템과의 연동 강화 등으로 구매 분야에서 관리해야 하는 데이터가 폭발적으로 증가했다. 따라서 스프레드시트 혹은 구매 시스템 내의 분석 툴에 의존해 이루어졌던 기존 방법만으로는 재료비를 제대로 이해하는데 한계가 생겼다. 빅데이터 분석 툴은 이런 문제를 극복하고 재료비현황을 명확히 이해할 수 있게 한다. 무엇보다 최적화 관점에서 구매와 소싱 전략을 재설계하는 데 도움을 준다.

재료비 분석 작업은 비용 큐브Spending Cube라고 불리는 데이터 세트를 준비하는 데서 시작된다. 전체 비용 데이터를 어떤 항목과 아이템에서, 어떤 협력업체와 지역에서 조달하고 있는지 3차원 축으로 재구성하는 것을 두고 큐브를 구성한다고 정의한다. 데이터는 ERP 구매 오더 또는 Procurement 오더, 송장 정보 등 구매 시스템 내의 발주 내역, 입고 데이터를 추출해 구성한다.

사업 모델에 따라 차이가 있겠지만 제품과 생산 모델의 종류가 다양한 오프로드 중장비 사업자나 항공 사업자의 경우 모델 종류와 모델별 부품 개수별 오더를 고려하면 몇 백만 열의 데이터를 다루는 작업이 될 것이다. 산발적으로 흩어진 데이터를 3차원 큐브 안에 효과적으로 통합하고 시점별로 업데이트하여 관리하기 위해서는 빅데이터 분석 툴이 필수다.

데이터 양이 방대하기 때문에 각 분석은 한번 시작하면 돌이킬 수 없는 경우가 많다. 그러므로 분석 전에 최대한 많은 데이터를 수집하고 항목별 코드값이 다르다면 사전 처리 작업도 필요하다. 아예 새로운 코드로 정리해야 하는 경우도 있다. 만약 어느 카드 회사나 여행사 또는 무역 회사를 거쳐 서비스를 구입한 경우 송장, 명세표 단위로 다시 분류해 협력업체별로 다시 매핑하는 작업도 진행해야 한다.

큐브 데이터가 준비됐다면 협력업체나 카테고리를 중심으로 핵심 비용을 우선 도출해 비용 절감 기회를 찾아볼 수 있다. 이 단계에서는 준비된 데이터를 두고 어떤 분석이 필요할지 핵심 질문을 먼저 정리해야 한다. 고려해야 할 좋은 질문은 다음과 같다.

- 카테고리별 비용 지출이 가장 큰 영역은 어디인가?
- 사업 부문과 지역별로 지출 구조는 어떠한가?
- 협력업체별 비용 지출의 구조는 어떠한가?
- 비용 내역별 최상위 비용 지출이 이루어지는 협력업체는 어디인가?
- 우선순위 또는 선호도가 높은 협력업체에 얼마의 비용을 지불해야 적절한가?

이와 같은 질문을 설정하고 이를 어떤 방식으로 분석할지에 대해 결정해야 한다. 주요 카테고리별, 서브 카테고리별, 협력업체별, 지역별, 자회사 또는 사업 부문별로 이를 나누고 3단계로 구분하거나 20:80의 파레토최적을 적용할 수도 있다. 중요한 건 주요 카테고리별로 비용 구조를 파악하고 명확히 비용 절감이 진행되어야 할 영역이 어디인지를 파악하는 것이다.

② 원가 분석 고도화를 기반으로 한 가치 사슬 전체의 생산성 개선

디지털 기술의 도입은 자사의 비용 분석을 정교하게 해줄 뿐 아니라 협력업체가 제작하고 있는 부품과 원재료에 대한 원가 분석 역시 고도화한다. 궁극적으로 협력업체가 자사에 적정 마진을 부여해 단가를 설정하고 있는지, 협력업체의 기술이나 제조 방식에서 추가적으로 생산성을 개선할 영역은 없는지, 자사의 설계나 제품 디자인 측면에서 가치 공학Value Engineering을 확대할 영역은 없는지 구체화하는 것이다. 이는 전체 가치 사슬의 생산성 개선으로 이어진다.

협력업체에 원가 개선을 요구하는 것은 자칫 논란을 불러올 수 있어 조심스러운 접근이 필요하다. 그러므로 기업과 협력업체가 함께 원가 개선 정보를 공유하고 전체 가치 사슬의 생산성 개선으로 연결되는 구체적인 방향을 제시해야만 한다. 양측의 데이터에 머신러닝 엔진을 더해 분석하면 사람이 작업했던 것보다 더 효과적으로 유사 영역을 매칭하고 공통 소싱의 가능성을 더 쉽게 찾을 수 있다. 앞으로 이러한 공용화 가능성을 제시할 수 있는 기술은 그 중요성이 더욱 증가하면서 각 가치 사슬 전체의 경쟁력 강화에 중요한 도구가 될 것이다.

③ 협상 및 비딩 전략의 고도화

AI는 비딩과 협상의 방향을 설정하는 데도 많은 도움을 준다. 캐터필러와 같은 글로벌 기계 사업자는 전 세계적으로 20개가 넘는 공장에서 2만여 개 업체를 상대해야만 한다. 제품 카테고리만 해도 70여 개에 달하는 상황에서 각 카테고리별, 각 업체별로 최적화한 협상 전략을 도

출하기란 매우 어려운 일이다. 한두 가지 핵심 제품을 여러 구매자에게 공급하는 업체 입장에서도 각 구매자의 특성과 까다로운 요구 사항에 일일이 응대하는 것은 어렵다. 이런 난제를 타개하도록 도와주는 것이 AI를 활용한 협상 코칭 프로그램이다. 협상 참여자에게 카테고리별, 고객사별 전문 가이드를 제공하기 때문에 급격한 변화에도 바로 지금, 가장 영향력 있는 협상 방식과 관련 도구를 선택할 수 있다.

시작은 각 업체별 협상 히스토리와 그간의 비딩 결과를 한곳에 모으는 것이다. 이를 데이터베이스상의 다양한 협상 도구(경매 유형, 원가 계산 방법 등)와 연결한 뒤 상대 업체가 여러 가지 시나리오 상황에서 어떤 카드로 협상에 임할 것인지 예측한다.

머신러닝은 게임 이론에 기반한 로직을 각 범주에 맞게 조정한 뒤 시간이 지나면 의사 결정에 필요한 매개변수를 지속적으로 추가하고 이에 기반해 도출된 제안 옵션을 업그레이드한다. 구매자는 협상 카테고리를 선택하고 간단한 질문에 응답하면서 AI가 분석에 요구하는 시장 및 경쟁 상황을 정의하고 내부 목표를 설정한다. 이러한 입력에 기반하여 AI 협상 코치는 새로운 입찰 방식을 제안할 뿐 아니라 구매자가 오랜 시간 해결하지 못했던 기존 업체에 대한 새로운 최적화 가능성도 찾아준다.

AI 협상 코칭 툴은 역사가 짧은 만큼 안정적인 성공 여부는 아직 단언할 수 없다. 그러나 협상을 거듭할수록 AI의 학습 알고리즘이 고도화됨에 따라 더 정교하고 최적화된 협상 방안이 도출될 것을 기대한다. 또한 구매 협상 카테고리와 협상 상대가 점차 많아지고 복잡해지는 상황에서는 최적의 가치를 도출할 수 있는 방법으로 충분히 도입하여 테스트해 볼 가치가 있다.

(2) 구매 운영과 관리

제품 카테고리별 소싱 전략을 세운 후 구매 부서가 중점을 둘 사항은 계약에 따라 비용을 관리하며 납기 및 품질 등 운영상의 이슈를 최소화하는 것이다. 이러한 운영 영역에서도 다양한 디지털 툴이 활용된다.

① RPA 시스템을 통한 협력업체 관리, 납기 프로세스의 최적화

성공적으로 단가 협상을 했어도 납기 이슈가 발생하면 생산 라인이 멈추거나 고객 대응이 지연되어 단가 절감액보다 훨씬 큰 비용을 지불하게 된다. 따라서 신규 협력업체를 새롭게 등록하거나 발주 오더의 잘못으로 부품 입고가 지체되거나 규격·물량이 잘못 배송되는 등 운영상의 문제가 발생할 소지를 사전에 차단할 필요가 있다. 이런 운영상의 이슈를 해결하는 툴 중 대표적인 것이 바로 RPA^{Robotic Process Analytics} 즉, 로봇 기반 프로세스 관리 시스템이다.

업체 등록 단계에서 사용되는 RPA는 업체의 세부 정보 파악에서부터 시작된다. 인터랙티브 PDF 형태로 협력업체가 정보를 먼저 입력할 수 있도록 전송하면 업체가 디지털 또는 수기로 서명한 후 스캔 형태의 정보를 회신한다. 이후 서명의 정확성 여부가 검증되고 데이터가 메인 프레임으로 추출되어 입력된다. 입력 정보를 바탕으로 계약 서류가

자동 완성되고 환영 인사와 함께 업체로 자동 메일이 발송된다. 이 모든 과정을 사람이 아닌 소프트웨어 로봇이 실수나 딜레이 없이 즉각 처리한다. 세계 최대의 광산 업체인 BHP는 이 프로세스를 도입하여 구매 담당자의 행정 업무를 30~40퍼센트 줄였고 기존 인력의 25퍼센트 이상이 보다 전략적인 영역에 기여한다.

로봇 소프트웨어는 발주 오더 단계에서도 사용되는데 이 역시 PDF와 같은 범용 프로그램을 활용하여 정보를 표준화하는 것부터 시작한다. 만약 표준화가 어려워 비구조적인 상황에서 정보를 인식해야 한다면 광학 문자 인식Optical Character Recognition; OCR이라는 보조 기술이 활용된다. 입력된 정보는 로봇 소프트웨어에 의해 시스템 필드값으로 다시 분류되며 발주 오더 형태로 업체에 발송된다.

RPA 시스템은 이미 다양한 지원 부서에서 활용되고 있다. 챗봇 형태로 애프터서비스 영역에서는 이미 활발하게 사용되고 있으며 문서 표준화가 가능한 구매 영역에서도 빠르게 확산되고 있다. 반복 업무가 많은 부서일수록 활용 가능성이 높으므로 구매 분야에서도 시스템이 활용되고 확산될 가능성이 매우 크다.

RPA는 이미 상당 기간 개발 및 적용이 이루어졌고 유아이패스UiPath나 오토메이션 애니웨어Automation Anywhere 등 다양한 벤더가 존재한다. 포레스터 웨이브The Forrester WAVE와 같은 평가 기관에서는 이를 평가까지 하고 있어 상대적으로 적용과 관련된 리스크도 덜하다. 다만 국내 벤더는 아직까지 초기 수준이어서 글로벌 벤더와 비교한 솔루션 확보 전략에 대해 고민이 필요하다.

② AI를 활용한 품질관리

구매 부서에서 비용과 납기만큼이나 중요하게 관리하는 것은 바로 품질이다. 품질관리의 실패는 품질보증 클레임, 리콜, 법정 소송 등의 비용을 초래할 수 있고 매출이나 브랜드 이미지에도 타격을 입힐 수 있다. 따라서 구매 단계에서부터 품질 리스크를 관리하는 것은 필수다.

그러나 수많은 원재료를 취급한다면 모든 원재료의 품질을 일일이 확인하고 관리하기가 매우 힘들다. 품질 실패의 원인을 밝히는 것 또한 쉽지 않다. 품질 예측이 과거의 경험에 기초하는 것도 문제다. 과거에 품질 불량이 있었던 부분에서 향후에도 품질 불량이 일어날 것이라는 가정이 맞아야 하는데 상품 포트폴리오가 변하고 달라지는 최근 경영 환경에서는 이 가정 자체가 유효하지 않을 때가 많다.

빅데이터 기반 분석 기술은 상품 및 원료에 대한 적절한 품질 수준을 결정할 수 있는 툴을 제공한다. 예를 들어 대규모 햄버거 체인점의 구매 팀은 버거 맛을 결정하는 결정적인 요인이 무엇인지에 대해 2,000명 이상의 소비자를 대상으로 공동 분석 조사를 실시했다. 이 팀은 분석 툴을 활용하여 각 재료가 버거의 전체 비용에 상대적으로 기여하는 가치와 공급업체로부터 구매하는 상품 품질의 표준편차를 분석했다. 그 결과 빵이 고기에 이어 두 번째로 중요한 재료로 꼽히며 예상보다 훨씬 더 결정적인 요소임이 드러났다. 그런데 공급업체로부터 조달하는 빵의 품질 편차가 너무 컸다. 회사는 빵의 품질관리에 더욱 힘썼으며 이를 통해 고객 만족을 크게 향상시켰다.

굴지의 글로벌 화학 제조업체는 자사의 방대한 포트폴리오 중 품질

저하 가능성이 있는 부분을 예측하는 시스템을 설치했다. 알고리즘은 전체 3,000개의 부품 중 20~50개에 대해서 면밀한 모니터링이 필요하다고 일관되게 경고했다. 12개월이 넘는 기간 동안 시스템은 80퍼센트 이상의 정확도로 품질 불량을 솎아냈다. 내부 품질 피드백 트렌드, 과거의 품질 문제, 공급업체의 규모와 위치 등 22개 변수에 대해 가중치를 적용해 분석한 결과였다. 또한 의외의 결과도 얻을 수 있었는데, 예를 들면 예정보다 빨리 송부된 송장은 공급업체가 재정적인 어려움에 시달린다는 것을 의미했다. 이런 공급업체는 품질 불량 문제와 연계될 수 있다. 회사는 분석 내용에 따라 조치를 취해 품질 문제 이슈를 과거의 절반으로 줄일 수 있었다.

사례에서와 같이 다양한 원재료를 취급하는 화학사의 경우 모든 원재료에 대해 품질 이슈를 확인하기는 어렵다. 따라서 어떤 원료가 가장 큰 품질 리스크를 내포하는지 분석하고 이에 따라 관리할 필요가 있다. 즉, 품질 실패가 야기하는 실패 비용의 규모와 실패가 일어날 확률이 모두 큰 원료를 중점 관리함으로써 관리 공수와 비용을 보다 효율적으로 사용하고 실패가 발생하기 이전에 대응하는 것 역시 가능하다.

③ 구매 운영 현황 모니터링

유지, 보수, 운영MRO 부품에 대해서는 자동 클레임 관리 툴을 활용할 수 있다. 빅데이터와 과거 경험을 통한 학습을 이용해 AI 알고리즘은 품질 불량이 일어날 부분을 감지할 뿐 아니라 이를 방지할 방법까지 알아낸다. 구매자는 이 정보를 기초로 의사 결정을 내릴 수 있다. 시간이 지남에 따라 알고리즘은 어떤 수단이 각각의 상황에서 효과적인지 학습하고 추천 방안 또한 지속적으로 개선한다.

대시보드와 모니터링 시스템을 도입하면 구매 요청의 진행 사항, 재고 현황을 한눈에 볼 수 있다. 예를 들면 현재 구매가 진행 중인 제품의 발주 및 배송을 추적하는 오더 트래킹Order Tracking 시스템, 통합 재고관리 시스템 등을 디지털 트렌드에 힘입어 과거보다 저렴하게 이용할 수 있다. 구매 운영에 대한 명확한 이해는 구매 전략을 바꾸고 물류 최적화 발주 변경에도 영향을 미친다. 나아가 협력업체 생산 라인에도 빠르게 피드백을 전달해 효율을 높인다.

(3) 어떻게 변화를 주도할 것인가?

많은 기업이 디지털 운영 체계 구축을 위해 분주히 움직이고 있다. PLMProduct Line Management을 구축해 타 시스템과 연동하거나 스마트 팩토리를 구축하고 제조 실행 시스템Manufacturing Execution System; MES을 도입하는 등 다양한 활동을 한다. 영업에서는 디지털 기반의 옴니 채널이 구축되고 서비스에서는 디지털 기반의 CS 관리 시스템과 챗봇을 활용한 24시간 대응 체계가 도입되고 있다. 하지만 기업의 전체 가치 사슬에서 디지털화가 진행 중임에도 불구하고 구매 조직에서는 인력 순환 배치와 같은 전통적 관리 체계로 대응하는 경우가 많다. 구매 조직이 스스로를 개발 및 생산의 결정 사항을 지원하는 조직으로 역할을 축소하여 판단하고 있기 때문이다. 회사 내에서 구매 부서가 가장 큰 비용을 책임지고 있음을 감안하면 안타까운 상황이다.

구매액의 규모, 투입 인력 및 조직의 수, 기업 생태계 전반에 관련된 이해관계자와 그 관계의 복잡성을 고려하면 구매의 디지털라이제이션은 기업에 따라 조(달러) 단위의 가치를 창출하는 게임이 될 수 있다. 이렇게 거대한 잠재력을 가진 영역에 대한 디지털 전환을 어떻게 추진할 것인가는 CPO와 구매 부서 담당자, 모든 CEO의 큰 고민거리다. 이에 대해 BCG는 총 4단계에 걸친 점진적 변화 방안을 제안한다.

① 내부 구매 조직의 디지털 성숙도 진단

가장 선행해야 할 것은 내부 구매 조직의 디지털 성숙도를 진단하는 것이다. 디지털을 통한 가치 창출 영역 및 적용 목표가 명확한지, 이를 촉진하는 조직 내 제도와 시스템, 그리고 이를 원천적으로 가능하게 하는 데이터의 준비 정도를 점검하는 것이다. 핵심은 디지털과 연계한 구매 전략, 조직, 품질 및 리스크 관리 측면의 준비 상태를 점검하는 데 있다.

전략적인 측면에서 비용 절감의 핵심 영역과 이슈가 잘 설정되어 있는지를 살펴보아야 한다. 전략적 협력업체가 어디인지, 각 아이템 중 프로세스를 지연시키거나 문제를 유발시키는 아이템이 무엇인지 등을 파악해야 한다.

조직 측면에서는 구매 부서의 역할 자체가 명확히 정의되지 않은 회사도 많기 때문에 디지털화에 필요한 직무가 제대로 정의되어 있는지 확인할 필요가 있다. 디지털 관점에서 직무 기술서 등 작업 영역이 명확하게 정의되어 있는지를 먼저 살펴본 뒤, 실제 구매 부서 인력이 이를 수행하는 데 문제없는 역량을 갖추었는지도 확인해야 한다. 협력업체와 내부 고객(다른 부서)이 구매 부서의 디지털 전환 수준에 대해 평가하고 개선 사항에 대해 피드백할 수 있는 절차가 준비되어 있는지, 실제 구매 전략 및 변화의 방향에 대해 조직 내에서 지속적으로 커뮤니케이션하고 업데이트하고 있는지 여부도 점검해야 한다.

품질 면에 있어서는 협력업체의 품질 편차 관련 정보가 실시간으로 수집되고 구매 부서에 전달되어 일정 간격으로 표준화된 보고서가 생성되는지 아니면 대시보드에 디지털 형태로 통합되는지를 점검하는 것이 핵심이다. 구매 부서의 협력업체 품질에 대한 피드백 사항이 실시간으로 제공되고 협력업체와 구매 부서가 공동으로 이슈를 해결하기 위해 노력하고 있으며 양측의 디지털 협력 플랫폼이 제대로 작동하는지 살펴야 한다.

리스크 관리 측면에서 협력업체의 재무·운영 리스크가 잘 파악되고 있는지, 외부 거시경제 변화, 안보 및 지정학적 이슈, 자연재해 등에 대해 디지털적으로 문제를 파악하고 이에 대해 실시간으로 경보를 제공하는 시스템을 보유했는지 점검할 필요가 있다.

계약 측면에서는 법률적 리스크를 적절히 회피하고 있는지의 여부도 검토해야 하는데 계약서가 일정 디지털 서버에 저장되고 이를 리드아웃 봇Readout Bot이 읽어 법적 위반 사항이 생기지 않도록 하는 것이 좋다.

데이터의 양과 질, 저장 상태와 접근성, 데이터 분류 체계와 이를 활용할 수 있는 분석 역량도 매우 중요하다. 필요한 구매액, PO, 계약, 관련 서류 내용 등이 데이터 레이크Data Lake라 불리는 단일 풀에 모이고 구조화됐는지, 구매 부서의 분석 담당자가 여기에 쉽게 접근할 수 있는지, 분석을 위한 셀프 서비스 툴이 제공되는지 여부가 점검 대상이다. 불완전한 데이터가 존재할 경우, 데이터 DB 자체가 이를 담당자에게 즉각 알리고 데이터 전처리 작업이 자동으로 수행되도록 해야 하며 분석에 필요한 소프트웨어와 충분한 메모리를 제공하는 것이 이러한 작업의 기본이라 할 수 있다. 이런 툴이 단순히 과거 분석이나 현재 업무를 효율화하는 것이 아니라 미래에 대한 예측 및 업무 개선에 필요한 방향을 설정하는 데 기여하는지, 이를 개선하기 위한 구매 부서의 지속적인 개선 요구가 소통되는 창구가 마련되어 있는지 여부도 핵심 평가 요소라 할 수 있다.

② 디지털화 전략 수립

준비 작업과 진단이 끝났다면 본격적으로 구매 업무의 디지털 전환을 위한 전략 수립 작업에 돌입한다. 디지털 구매에서 어떻게 프로그램 관리 체계와 의사 결정 구조를 정립할 것인지, 어떠한 로드맵을 설정하고 핵심적인 가치 창출 영역과 이를 위한 애플리케이션 영역을 설정할 것인지, 사업부 구매와 전사 구매 부서의 역할을 어떻게 정립하고 이를 위한 조직 및 관리 체계를 설정할 것인지 각 기업에 맞추어 세팅하는 세부 작업이 진행되어야 한다.

③ 전략 실행을 위한 계획 구체화 및 이행

각 영역별로 전략 방향이 설정되면 핵심 과제는 무엇이며 이를 어떻게 실행할 것인지 구체적인 실행 계획을 수립한다. 이 과정에서 핵심 과제 계획에 대해 조직 전체 구성원이 평가하고 과제의 우선순위를 정하는 작업이 수행되어야 한다.

④ 평가, 피드백 및 재진단

전략의 구체적 시행 후에는 반드시 그에 대한 평가와 피드백, 재진단이 뒤따라야 한다. 실질적인 수행 작업과 그에 따른 평가·피드백 과정은 회사마다 달라질 수밖에 없으므로 더 자세하게 기술하는 데는 한계가 있다. 중요한 것은 디지털이 21세기 기업 경영의 기본 언어가 된 만큼 이를 구매 업무에도 빠르게 적용하여 최적화해야 한다는 것이다.

디지털화 필수 강화 요소 Beyond Digital

디지털 기술에 더해 구매에서 빠트릴 수 없는 중요한 관리 요소가 있다. 바로 프로세스, 사람, 실적 관리다.

품질관리는 구매와 조달 프로세스 안에 내재돼 있어야만 한다. 핵심 카테고리에 해당하는 경우 특히 더 중요하다. S2C Source-to-Contract 프로세스는 개별 프로젝트와 그 니즈를 정의하는 것에서 시작해 공급업체와 계약서에 서명하는 것으로 끝나는 프로세스를 말하는데 여기서는 공급업체의 품질 요건이 카테고리 전략에 이미 포함돼 있다. P2PProcure-to-Pay 프로세스는 재화나 서비스의 구매를 결정하는 것에서 시작해 배송과 결제로 마무리되는데 여기서 단일 공급업체가 관련된 경우에는 기술적인 품질 테스트를 할 수 있다. 뿐만 아니라 기업은 피드백 앱 및 기타 툴을 개발해 품질 프로세스에 필수인 투명성을 높여야 한다.

BCG는 기업이 구매 및 기타 팀에서 디지털 역량을 갖춘 인력으로 구성된 품질관리 팀을 구성해 품질 이슈를 먼저 해결하기를 권한다. 기존 팀(혹은 프로세스)이 문제가 발생한 후에야 이를 해결했다면 새로운 조직은 예측 분석 기술을 활용해 품질이 가장 중요한 부분임을 이해하고 공급업체와의 협력을 통해 품질 문제가 발생하기 전에 선제적으로 대응하고 해결하는 것에 주력한다. 기업은 모든 핵심 조달 팀원에게 교육을 실시해 디지털 기술을 이용해 품질 문제에서 가장 중요한 부분을 알아내는 방법을 학습하도록 한다. 이에 못지않게 중요한 것은 구매 및 공급업체 구성원 모두가 고품질 기준을 유지하는 것이 중요하다고 인식하는 것이다. 이런 메시지는 품질 부서 직원, 다기능 구매 팀, 공급업체와 일하는 팀, 공급업체 측 관련 인력 등 네 그룹에 모두 전달되어야 한다.

구매 및 다른 관련 팀의 직원도 동일한 품질 목표 달성을 위해 일할 수 있도록 비슷한 방식으로 평가받고 보상받아야 한다. 전통적인 관행과는 다르다. 구매 팀은 보통 실적 관리 노력에 공급업체의 품질을 포함시키지 않는다. 그러나 이것이 포함돼야 하는 중요한 이유는 바로 실적이 우수한 공급업체는 전체 소유 비용을 줄이는 데 도움이 되기 때문이다. 전통적인 최고 품질관리 접근에만 의존하는 것은 더 이상 충분하지 않다. 디지털 기술은 이제 입고 상품과 서비스의 품질을 정의하고 모니터하고 개선하는 데 필수다. 디지털 솔루션을 통해 투명성은 더욱 높아질 수 있다.

디지털 투자가 성과를 거두기 위해서는 모두가 합심해서 노력하는 것이 필요하다. 이에 따른 보상은 어마어마하다. 디지털 기술의 잠재력을 최대한 활용할 수 있다면 기업은 투입물 품질을 개선하는 동시에 비용은 줄이고 매출은 증대해 혁신을 보다 강화할 수 있다.

100년 넘게 건설 중인 사그라다 파밀리아 성당

수익성을 갉아먹는 공정 지연

코로나19가 덮친 건설 현장

디지털을 활용하여 고도화된 현장 관리

빅데이터와 AI를 활용한 프로젝트 계획 수립과 리스크 관리

가상시공모델을 통한 효율성 강화와 원가절감

드론과 자율 로봇을 활용한 공사 수행 및 모니터링

디지털 혁신, 지금 당장 시작하라

PART **6**

디지털을 활용한
프로젝트 관리

100년 넘게 건설 중인 사그라다 파밀리아 성당

스페인 바르셀로나의 사그라다 파밀리아 성당은 역사적인 건축가 안토니오 가우디의 작품으로 매년 수백만 명의 관광객이 찾는 유명한 건축물이다. 또한 착공한 지 100년이 지났음에도 불구하고 여전히 건축 중인 것으로 널리 알려져 있다. 완전한 설계도가 완성되기 전에 가우디가 사망한 데다 개인의 기부금에만 의존해 예산을 충당하다 보니 완공이 늦어질 수밖에 없었다. 1882년에 착공된 성당은 가우디 사망 100주기인 2026년 완공을 목표로 하지만 코로나19로 인해 공정이 늦어져 이마저도 장담할 수 없는 상황이다.

수익성을 갉아먹는 공정 지연

대형 건설 프로젝트에 있어 공정 지연은 드문 일이 아니다. 발전소나 정유소 등의 대형 플랜트를 건설하는 사업을 보통 EPC^{Engineering,} ^{Procurement, Construction}라 부르고 이러한 사업을 수행하는 플랜트, 엔지니어링, 건설 업체를 EPC 사업자라고 한다. BCG의 조사에 따르면 과거 10년 동안 진행된 전 세계 EPC 프로젝트의 70퍼센트 가량이 애초 계획된 공사 기간에 비해 훨씬 늦게 완공되었다. 이는 당연히 건설사의 수익 악화로 연결된다. 절반이 넘는 프로젝트에서 플랜트 사업자가 예상했던 수익을 달성하지 못했고 심지어 공사 수행 이후 손실을 보는 경우도 있었다.

이 같은 공정 지연이 나타나는 원인 중 하나는 산업 자체의 하락세다. 2000년 초반, 글로벌 경기가 활황세를 띠고 개발도상국의 적극적인 인프라 투자가 이어지면서 플랜트 산업은 일거리가 넘쳤다. 수요가 공급을 초과하는 상황이 지속되면서 EPC 사업자는 빠르게 성장하면서도 우수한 사업 실적을 달성할 수 있었다.

그러나 2008년 글로벌 경제 위기 이후, 인프라에 대한 투자가 위축되면서 발주되는 프로젝트 숫자와 규모가 확연히 줄어들었다. 공급이 수요보다 많아지면서 프로젝트를 수주하기 위해서는 저가 가격경쟁이 불가피해졌다. EPC 프로젝트의 전반적인 수익률 자체가 낮아지게 된 것이다. 거기다 전문성이 없는 분야나 익숙하지 않은 지역에까지 입찰하는 경우가 늘어나면서 이전에는 없던 문제가 EPC 사업자의 발목을 잡기 시작했다.

프로젝트 계획 단계에서부터 문제가 발생했다. 보통 EPC 업체는 내부적으로 공사 기간과 예산을 계산한 뒤 공사의 불확실성을 고려한 예비비Contingency와 프로젝트 마진을 고려하여 입찰가를 정하고 입찰에 응한다. 그런데 반드시 수주하겠다는 일념으로 공격적인 입찰가와 일정을 산정하면서 애초에 달성하는 것이 불가능한 계획을 세우는 것이다. 추가 비용이 발생하거나 일정을 지연시킬 수 있는 리스크를 제대로 예측하지 못하거나 예측하더라도 정량화하지 못해 예산에 반영하지 못하는 경우가 생겼다.

프로젝트를 수주하면 본격적으로 프로젝트를 수행하기 전에 보다 자세한 실행 계획을 세운다. 이때도 실제 처리해야 될 공사의 물량과 투입될 공수Man hour에 기반하지 않고 할 수 있다는 막연한 희망Wishful thinking에 근거해 실현 가능성 없는 장밋빛 계획을 수립하는 일이 빈번하게 발생했다. 아무리 열심히 공사를 진행해도 애초에 돈을 벌 수도, 일정을 맞출 수도 없는 프로젝트를 수주한 것이다.

모든 계획이 완벽해도 실행 단계에서는 반드시 변수가 발생하기 마련이다. 협력업체의 근무 태만 등으로 인해 예상했던 생산성이 나오지 않을 수도 있고 기상 조건의 악화로 인해 공사를 예정된 기간에 진행하지 못하는 경우도 생긴다. 이러한 변수에 효과적으로 대응하기 위해서는 프로젝트를 총괄하여 관리하고 책임지는 PMProject Manager의 역할이 매우 중요하다. 그러나 PM 한 사람이 수천 명에 달하는 공사장 작업자와 매일 발생하는 이슈를 다 체크하는 것은 물리적으로 불가능하다. 그래서 PM은 늘 바쁘게 움직이지만 즉각적으로 결정해야 하는 주요 사안에 대해서 의사 결정이 늦어지는 경우가 허다하다. 이런 경우 PM의 역할은 피상적으로 작업을 독려하는 데 그친다.

해외에서 진행되는 프로젝트의 경우, 현지 협력업체로 인한 문제도 적지 않다. 익숙하지 않은 협력업체의 업무 관행이나 낮은 생산성 등으로 완성이 늦어지는 경우가 많다. 이런 경우 애초에 설정한 예비비를 훨씬 초과하여 시간과 비용을 쓰게 되고 이는 프로젝트의 지연과 수익성 저하로 연결된다.

프로젝트 현장에서는 매일 프로젝트 경과를 확인하는 회의가 진행된다. 일정 그래프를 빼곡하게 붙여 놓고 일 단위, 주 단위, 월 단위로 프로젝트 경과를 확인하는 한편 앞으로의 공정을 예상한다. 그러나 이런 회의에서는 프로젝트에 관련된 핵심 이슈를 다루어 구체적인 문제 해결이 이루어지기보다는 단순히 공정의 진행 상황을 체크하고 넘어가는 데 그치는 경우가 많다. 프로젝트 중간관리자나 현장 직원이 자발적으로 이슈를 공론화하고 신속하게 문제 해결을 도모하는 문화가 형성되지 않았기 때문이다. 그저 눈앞의 질책을 피하고 자체적으로 문제를 해결하고 봉합하려는 경향도 존재한다. 프로젝트 경과를 아날로그로 관리하여 진행 과정을 정확하게 파악하지 못하고 프로젝트 관리에 들어가는 비용과 시간 대비 그 효과가 충분히 발생하지 못하는 경우도 많다.

코로나19가 덮친 건설 현장

전 세계를 덮친 코로나19라는 감염병 역시 또 하나의 위협이 되었다. 사회적 거리두기, 지역적 봉쇄 조치, 확진자의 발생 등으로 인해 작업이 중단되거나 지연되는 경우가 빈번하게 발생한 것이다.

코로나19가 언제 완전히 종식될지는 누구도 단언할 수 없다. 전 세계적으로 백신과 치료제 관련 연구가 진행되고 그 속도가 전례 없이 빠르다 해도 그렇다. 그러므로 코로나19 사태가 안정되거나 종식되기만을 마냥 기다릴 수는 없다. 무리하게 작업을 진행해 작업자를 위험에 몰아넣을 수는 없지만 코로나19로 인해 프로젝트의 안정적인 운영이 저해되게 둘 수도 없다.

EPC 사업자가 코로나19와 관련해 취할 수 있는 단기적인 조치는 다음과 같다.

우선, 엄격한 안전 수칙을 마련해야 한다. 공사 현장 곳곳에 방역을 실시하고 개인 보호 장비의 사용을 의무화해야 한다. 현장 출입 시, 사전 검사를 통해 접촉 가능성을 차단하고 현장에서 사회적 거리두기를 시행하는 것도 중요하다. 쉬는 시간, 식사 시간 등에 모이는 인원수를 제한하고 불필요한 물리적 접촉을 줄일 수 있는 방안도 고안해야 한다. 현장에서뿐 아니라 현장 외 공간에서도 작업자끼리 물리적으로 접촉하는 경우에 대해 모두 모니터하고 기록을 남겨 혹시라도 있을지 모를 감염의 경우, 접촉자를 추적할 수 있도록 해야 한다. 감염 위험 경로, 감염 시 증상에 대해 작업자에게 충분히 안내하고 증상에 대한

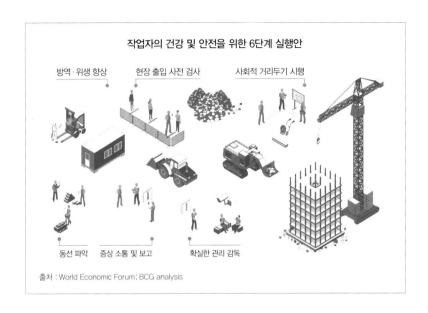

작업자의 건강 및 안전을 위한 6단계 실행안

방역·위생 향상   현장 출입 사전 검사   사회적 거리두기 시행

동선 파악   증상 소통 및 보고   확실한 관리 감독

출처 : World Economic Forum ; BCG analysis

자가 진단, 자기 보고 프로세스를 마련하는 것도 필요하다. 그리고 이 모든 작업을 담당할 담당자나 팀을 배정하는 것 역시 필수다.

디지털을 활용하여 고도화된 현장 관리

예상치 못한 위협과 여러 가지 도전 요소에도 불구하고 계획과 예산 범위에 맞게 프로젝트를 수행하고 이를 통해 수익을 창출하는 EPC 사업자도 분명 존재한다. 이들의 가장 큰 특징은 디지털을 활용하는 고도화된 현장 관리를 통해 실질적인 효과를 발생시킨다는 점이다.

앞서 살펴봤던 사그라다 파밀리아 성당의 사례를 다시 보자. 코로나

19로 인해 공정 지연이 일부 다시 나타나고 있기는 하지만 최근 사그라다 파밀리아 성당의 건축 공정은 이전과는 비교도 할 수 없을 정도로 빨리 이루어졌다. 완벽한 설계도가 존재하지 않는 탓에 이 건축 현장에서는 매 작업마다 시뮬레이션하는 것이 매우 중요한데, 시뮬레이션을 위한 프로토타입을 수작업으로 진행하니 공사는 한없이 더디게 진행될 수밖에 없었다. 그러나 3D 프린팅 기술의 발달 덕분에 성당 건설 팀은 프로토타입을 3D 프린터로 구현할 수 있게 됐다. 그 결과 예산과 시간의 낭비를 최소화할 수 있었다.

EPC 공사에도 디지털 기술을 도입하면 원가를 절감하고 일정을 단축시키는 것이 가능하다. 업계 선도 기업의 사례를 통해 디지털 기술이 가진 가능성을 살펴보자.

빅데이터와 AI를 활용한 프로젝트 계획 수립과 리스크 관리

미국에 본사를 둔 플루오르Fluor는 EPC 업계에서 최고로 평가받는 사업자 중 하나다. 미국, 유럽, 아시아 전역에서 에너지, 화학, 발전, 토목 등 모든 종류의 EPC 사업을 100년 넘게 수행했다. 플루오르는 빅데이터와 AI를 활용하여 프로젝트 계획을 수립하는 한편 프로젝트 진행 상황도 예측하고 관리한다.

수조 원 규모의 메가 프로젝트의 경우, 일정과 비용에 대한 수많은 변수가 존재하고 수천 명의 인력과 그에 못지않은 장비가 활용된다.

공사 현장에서 이러한 변수는 매일 달라지기 때문에 즉각적으로 파악하고 그 영향을 예상하는 일은 중요하면서도 어렵다. 과거에는 프로젝트 관리자의 개인적인 경험과 직관에 의지하는 수밖에 없었다.

플루오르는 AI와 데이터 분석 시스템을 활용해 이런 변화를 거의 실시간으로 파악하고 각각의 변화로 인해 발생할 수 있는 영향을 빠른 시간 안에 예측한다. 과거 프로젝트에서 나타난 경향과 패턴에 대한 분석을 통해 비용 증감이나 일정 지연 관련 이슈를 미리 예측한다. 이런 정보를 기반으로 빠르게 의사 결정이 이루어진다. 개인의 경험과 직관이 아니라 과학적인 데이터와 분석을 활용함으로써 플루오르는 100여 개 프로젝트에서 9,000억 원에 가까운 비용을 절감할 수 있었다.

가상시공모델Virtual Construction을 통한 효율성 강화와 원가절감

독일 최고의 건설 회사로 손꼽히는 호흐티프Hochtief는 전 세계에서 에너지, 광산, 공항, 토목 사업을 전개하고 있다. 호흐티프는 2000년대 초반부터 천여 개의 프로젝트에서 건축정보모델링Building Information Modeling; BIM을 활용해 시공 프로세스의 모든 정보를 협력업체와 발주처, 구매 업체 등과 공유했다.

BIM은 건설 중인 건물의 파이프, 전선, 벽 등 모든 요소를 3D 컴퓨터 모델로 구현함으로써 EPC 프로젝트를 마치 엑스레이처럼 투명하게 들여다볼 수 있게 한다. 마우스를 한 번 클릭하는 것만으로 특정 부분에 얼마만큼의 콘크리트가 들어가야 할지 쉽게 계산할 수 있다. 아직 지어지지 않은 벽을 다른 위치로 옮길 경우 설계를 어떻게 변경해야 하고 비용과 효율성은 어떻게 달라지는지를 불과 몇 초 안에 계산하는 것도 가능하다. 가상 환경에 공사 현장을 현실과 똑같이 구현한 것이다.

공사 현장에서는 원래 계획했던 도면을 변경해야 하는 경우가 빈번하게 발생한다. 이로 인한 재작업 비용은 일반적으로 전체 건설비의 12~15퍼센트를 차지하는 큰 부담이다. 호흐티프는 공사 현장에서 건설되는 구조물을 3D 스캐닝으로 기록하여 원래 계획했던 내용과 얼마나 달라졌는지 가상시공모델을 통해 비교한다. 이를 통해 계획과 어긋나는 부분을 조기에 탐지하여 재작업 시간과 비용을 최소화한다. 전체 공사비는 20퍼센트 절감, 프로젝트 일정은 10퍼센트를 단축하는 효과를 낼 수 있다.

드론과 자율 로봇을 활용한 공사 수행 및 모니터링

미국에 본사를 둔 벡텔Bechtel이라는 EPC 사업자가 있다. 전 세계의 EPC 사업자들이 EPC 사업의 모범 사례로 벤치마킹하는 글로벌 선도 기업이다. 벡텔 역시 다양한 디지털 기술을 사업에 활용한다. 앞에서 언급한 빅데이터 분석이나 가상시공모델 외에도 드론과 자동화된 로봇을 통해 프로젝트의 생산성과 안전을 향상시키고 있다.

발전소나 광산 플랜트의 경우 오지나 험지에 건설되는 경우가 많다. 이런 지역에서 정확한 설계 및 시공을 하기 위해서는 지형에 대한 사전 측량이 정확히 이루어져야 하고 프로젝트 수행 시의 환경, 안전, 보건 규정 준수가 필수다. 모두 큰 비용을 발생시키는데다 정확한 시행도 쉽지 않은 도전 과제다.

벡텔의 경우, 이런 상황에서는 드론으로 프로젝트 지역을 측량하고 환경 데이터를 수집한다. 공사 현장에서 사용하는 드론은 고화질 카메라뿐 아니라 적외선 스캐너, 열 감지 센서, 방사능측정기 등의 다양한 센서를 탑재하고 있다. 사람이 접근하기 어려운 지형의 정확한 정보를 실시간으로 제공하며 동시에 공기 중의 오염 물질 정도나 온도 등 환경적인 정보까지 제공함으로써 프로젝트의 안전에 대한 대비를 가능하게 한다. 드론은 공사 중에 실시간으로 진척 상황을 점검하고 문제가 있는 공정에 대해 경고하는 역할을 수행하기도 한다.

불도저나 굴착기 같은 중장비를 무인 장비로 대체하는 기업도 있다. 용접과 같은 위험한 업무는 용접 로봇을 활용하여 훨씬 높은 생산성과 안전성을 도모하기도 한다. 뉴욕주에는 허드슨강을 잇는 타판지브리지Tappan Zee Bridge라는 유명한 다리가 있다. 1950년대에 건설된 기존의 다리를 해체하고 새로운 다리를 짓는 4조 원 규모의 건설 공사가 미국의 EPC 업체에 의해 진행되고 있다. 이 공사를 위해 천 개가 넘는 대형 철골 파일을 용접해야 하는데 각 철골 파일의 지름이 2.5미터에 달해 사람이 용접하려면 12시간이 넘는 시간이 소요된다. 그런데 이 현장에 용접 로봇이 투입되어 용접 시간은 반으로 줄고 용접 불량률 또한 현격히 줄었다.

디지털 혁신, 지금 당장 시작하라

EPC 산업은 다른 산업에 비해 디지털 혁신이라는 면에서 현격히 뒤처져 있었다. 생산성 또한 오랫동안 개선되지 않았다. 최근 다보스 포럼에서 논의된 '건설의 미래Future of Construction'를 살펴보면 EPC 산업은 50년 전이나 지금이나 프로젝트 수행이 유사한 형태로 진행된다고 한다. 4차 산업 시대에 3차 산업혁명에도 미치지 못한 수준이라는 것이다.

특히 대한민국 EPC 사업자의 디지털 혁신은 글로벌 사업자와 비교하면 더욱 더딘 편이다. 더불어 공정 지연 및 예산 초과로 초래된 낮은 수익성으로 고전하고 있다. 산업 경기의 불확실성이 앞으로 한동안 지속될 것을 고려하면 디지털 혁신을 통한 현장의 고도화와 생산성 개선은 선택이 아닌 필수라고 할 수 있다.

그렇다면 EPC 산업의 디지털 혁신은 어떻게 이루어야 할까? 3가지 방법을 소개한다.

(1) 혁신을 자극하라Stimulate Innovation
조직 내에서 혁신을 불러일으키기 위해 반드시 전제되어야 하는 것은 경영진의 강한 의지다. 최고 경영진이 나서서 EPC 산업의 현재 상태를 점검하고 고객과 사용자의 불편을 감소시키기 위해 프로젝트 운영 모델을 어떻게 바꿀 것인지에 대해 계획을 수립해야 한다. 그동안 EPC 산업에서 중요하게 여기지 않았던 최고기술책임자Chief Technology Officer;CTO나 최고디지털책임자Chief Digital Officer;CDO를 중요 직책으로 임명하는 한편, 디지털 혁신을 수행할 팀을 구성해야 한다. 이 팀은 EPC 산업에 대한 통찰력을 제공할 기존 인력과 더불어 데이터 사이언티스트, 분석 전문가, IT 설계자 등 디지털 역량을 갖춘 인재로 구성하는 것이 바람직하다. 최고 경영진의 강한 의지와 디지털 역량을 갖춘 팀 구성이 선행된다면 이미 혁신은 반 이상 성공한 것이나 다름없다.

(2) 아이디어를 실행으로 옮겨라Turn Ideas into Reality

조직 내부는 물론 외부 고객의 불편을 개선하기 위해 디지털 기술을 어떻게 활용할 수 있을지 방안을 찾고 빠르게 이용 사례를 만드는 것이 중요하다. 선도 업체나 경쟁업체의 사례를 살펴보는 것도 도움이 된다. EPC 산업을 위한 빅데이터 분석, 건축정보모델링 소프트웨어, 자율 건설Autonomous Construction, 3D 프린팅 등의 다양한 기술을 개발하는 수많은 스타트업 기업으로부터 아이디어를 구할 수 있다. 이용 사례를 도출하면 우선순위를 정해 실제 실행에 적용한다.

이런 일을 혼자 진행할 필요는 없다. 기술력을 갖춘 스타트업과의 파트너십을 활용하거나 혹은 인수를 고려할 수 있다. 이들과의 공동 프로젝트를 통해서 파일럿 프로젝트를 진행하거나 프로토타입을 개발하는 것이 시간이나 비용 면에서 더 효과적일 수 있기 때문이다. 중요한 것은 디지털 혁신과 관련한 변화가 실제로 일어나고 있다는 것을 직접 보여줄 필요가 있다는 점이다.

(3) 작더라도 빠른 성공을 경험하라 Achieve Early Success

많은 대한민국 기업은 변화에 있어 신중하게 접근하는 편이다. 그러다 보니 새로운 것을 시도하는 데 너무 많은 것을 고려하다 시기를 놓치는 경우가 많다. 실패에 대한 두려움 때문에 실행에 옮기지 못하는 경우도 많다. 그러나 디지털 혁신은 시기적절한 접근이 요구된다. 즉, 실패하더라도 빨리 실패하는 것이 좋다. 그래야 미비한 점을 빨리 보완하거나 다른 방법을 찾아볼 수 있기 때문이다. 같은 이유로 작은 성공이라 하더라도 빠르게 성과를 내는 것이 중요하다. 비록 그 효과가 작아도 성공의 경험을 통해 구성원은 할 수 있다는 자신감을 얻을 수 있다. 이는 조직 내 변화의 모멘텀 momentum 을 구축하는 데 도움이 된다. 작은 성공의 경험은 큰 성공을 위한 의사 결정과 투자를 더 과감하게 만든다.

EPC 산업은 과거 수십 년 동안 대한민국의 경제성장을 이끌어온 주요 산업이다. 디지털 혁신을 통한 프로젝트 관리의 고도화로 프로젝트 수주, 원가, 납기, 품질 경쟁력을 확보할 수 있다면 다시금 대한민국을 대표하는 산업으로 입지를 굳힐 수 있을 것이다.

급변하는 시장, 급변하는 가격

가격 = 가치

디지털을 활용한 가격 책정 혁신

가격 정책이 주도하는 혁신

Pricing Enablement Journey의 성공 원칙

PART 7

디지털을 활용하여
고도화된 가격정책

급변하는 시장, 급변하는 가격

코로나19 발생 이후 놀랄 만한 일이 연이어 벌어졌다. 아마존에서 손
소독제 가격은 149달러, 이베이에서 마스크 가격은 250달러까지 치솟
는 데 반해 알래스카 항공Air Alaska의 비행기표는 고작 20달러, 노르웨
이지안 크루즈 라인Norwegian Cruise Line의 20박짜리 여행 상품은 489달
러까지 가격이 폭락한 것이다.

　제품 가격은 수요와 공급에 의해 시장에서 정해지긴 한다. 위 사례
는 코로나19라는 감염병의 대유행으로 인해 일시적으로 일어난 극단
적인 사례에 불과하다. 하지만 이는 우리에게 '가격'에 대해, '가격정책'
에 대해 다시 생각하는 계기를 제공했다. 수요가 감소하는 시기에 저
가 정책은 과연 유일한 해결책일까? 기업은 시장에서 수요와 공급에
의해 정해진 가격을 수용하는 것 외에 가격 결정에 관여할 수 있는 일

이 아무것도 없을까? 인하된 가격이 새로운 저점을 형성해서 위기 이후에도 낮은 가격대가 지속되는 것은 어떻게 막을 수 있을까? 시장 참여자 수가 훨씬 적은 B2B Business to Business 시장에서 가격은 위기에 어떻게 조정해야 할까?

가격 = 가치

제품과 서비스 가격을 책정하는 것은 사실 사업에 있어 가장 중요한 의사 결정 중 하나다. 가격을 책정하는 것은 기업이 고객에게 자신의 제품과 서비스의 가치를 커뮤니케이션하는 주요한 방법 중 하나이므로 탁월한 가격 책정Pricing 역량은 기업 가치를 향상시키는 데 핵심적인 역할을 한다.

그러나 많은 기업이 가격 책정에 가장 큰 어려움을 느낀다. 가격을 어떻게 책정해야 하는지에 대한 명확한 규정이나 데이터베이스가 없고 적정가에 대한 기준도 모호하다 보니 가격 인상이나 인하를 결정하는 것이 시장 상황에 맞춰 주먹구구식으로 진행되는 경우가 다반사다.

소비재 업체가 아닌 산업재나 부품 사업 등 B2B 개별 기업의 경우 가격 결정에 대한 권한이 없거나 있더라도 그 영향력이 미미하다는 인식이 대세다. 가격은 시장에 의해 결정되는 것이지 개별 기업이 컨트롤하는 것이 아니라는 이유로 이미 결정된 가격을 있는 그대로 수용하거나 고객과 가장 가까운 접점에 있다는 이유만으로 영업 조직에 가격 책정 의사 결정을 모두 맡겨버리는 경우가 있다. 가격 조절은 경쟁사와의 치킨 게임으로 변질될 가능성이 크다는 염려 때문에 한번 결정되면 조정하지 않으려고도 한다.

기존의 가격 책정 방법 때문에 많은 업체가 공급 과잉 시기에는 가격 하락으로 인한 영업이익 감소를 경험하고 공급 부족 시기에도 수급에 의한 가격 상승을 그대로 방치한다. 이는 결국 가격의 상방 경직성만 지속적으로 강화하는 결과를 낳고 만다. 고객은 공급 과잉으로 인해 가격이 떨어지는 시기에 재고를 충분히 확보했다가 공급 부족으로 가격이 오르는 시기에는 미리 확보한 재고를 활용함으로써 지속적으로 가격 인하 압박을 가하기 때문이다.

더욱 큰 문제는 기업이 가격 책정에 있어 아무런 권한도 능력도 없다는 인식으로 인해 마케팅과 영업 조직의 가격 책정 역량을 키우기 위한 투자가 전혀 이루어지지 않는다는 점이다. 국내 많은 B2B 기업의 가격 책정 체계와 프로세스는 표준화되지 않았고 주요 고객별 담당자와 영업 인력 개개인의 노하우에만 의존해 가격정책을 이끌어간다.

매출이 10조 원을 넘어서는 대기업의 경우에도 가격 관련 데이터가 영업 담당자의 컴퓨터 안에 엑셀 파일 형태로만 저장된 경우가 드물지 않다. 심지어 통일된 포맷도 없이 담당자마다 다른 포맷을 쓴다. 이런 경우 담당자의 인사이동이나 갑작스러운 퇴직 시 그간의 노하우나 이력은 그대로 사라져버린다. 기업 전체로 봤을 때 가격 책정 관련 역량이 전혀 축적되지 못하는 것이다. 상황이 이렇다 보니 아마존 같은 글로벌 선도 기업의 모범 사례처럼 전문적인 가격 분석 팀을 갖추거나 다양한 가격 책정 전략을 마련하고 상황에 맞추어 활용하는 체계를 갖추는 것은 먼 미래에나 가능한 것처럼 보인다.

디지털을 활용한 가격 책정 혁신

B2B 기업에서 가격이란 시장 흐름에 수동적으로 따라갈 수밖에 없는 것일까? 기업마다 가격 책정을 통해 차별적 가치를 창출한다는 것은 이상적인 바람일 뿐 실제 경영 현장에서는 구현이 불가능할까?

답은 당연히 '아니오'다. 많은 글로벌 선도 기업이 가격을 기업 가치 제고의 중요한 지렛대로 활용하며 이를 위해 가격 책정 체계와 프로세스, 시스템에 지속적으로 투자한다. BCG의 경험에 따르면 가격 관련 역량 강화에 충분한 투자를 한 기업의 경우, 연간 매출의 평균 2퍼센트에서 많게는 8퍼센트에 이르는 개선 효과가 나타난 것으로 분석한다. 또한 가격정책 관련 개선을 통해 발생된 매출 증대는 대부분 영업이익 증가에 직결된다.

최근에는 빅데이터 분석이나 AI 등 디지털 기술을 적극적으로 도입함으로써 가격정책을 통한 가치 창출을 기존에는 불가능했던 수준까지 끌어올렸다. 이러한 디지털 기술은 그동안 가격을 통한 차별화가 어렵다고 생각됐던 B2B 산업에까지 적용되면서 해당 산업 내 선도 기업의 새로운 차별화 요소로 활용된다.

최근에 가격정책과 관련하여 점차 늘어난 디지털 기술 적용 사례는 다음과 같이 크게 3가지 유형으로 나눌 수 있다.

(1) 빅데이터를 활용한 가격정책 전략의 고도화

가격이야말로 빅데이터를 통한 전략 고도화를 추진하기에 가장 적합한 영역이라고 할 수 있다. 이는 가격을 구성하는 요소가 기준 단가, 부가가치 서비스, 리베이트 등 매우 다양한 항목으로 구성되며 각각의 항목을 결정하기 위해서는 고객 주문의 규모, 목표 대비 달성 수준, 재고 등의 기본 요소뿐 아니라 거시경제 현황과 수요처별 판매량 증감 추이, 계절적 변동 등과 같이 복잡한 요소의 상호작용을 함께 고려해야 하기 때문이다. 따라서 인터넷이나 모바일을 기반으로 하는 전자상거래 업체는 물론, 이들과 경쟁하는 많은 오프라인 B2C 업체의 경우 이미 다양한 요소를 빅데이터화하여 가격 결정에 반영하고 있다.

최근에는 이러한 경향이 B2B 업체에도 빠르게 확산되고 있다. 가장 대표적인 빅데이터 활용 사례가 빅데이터 분석을 통한 고객 세그먼테이션이다. 유럽계 글로벌 컨테이너 선사인 A사는 전통적인 방식으로 고객을 구분했다. 일반 기업 고객인지 전문 운송업체인지에 따른 구분과 선적량Volume을 2가지 축으로 하여 고객을 구분한 것이다. 당연히 이런 구분만으로는 제각각인 업체별 주문 패턴과 성격을 다 반영할 수 없고 각 고객에 맞는 가격정책 가이드라인을 만들어도 실제 활용도가 낮을 수밖에 없었다.

문제를 해결하기 위해 A사는 약 3개월에 걸쳐 수만 개가 넘는 전체 고객에 대해 선적량뿐 아니라 물량별 선적 노선, 시점별 주문량 추이,

주문량 대비 실선적 물량의 변동 폭, 주요 주문 품목, 본사와 지사의 주문 비중 등 30개 이상의 다양한 요인에 대한 빅데이터 분석을 실시했다. 이는 기존의 엑셀이나 데이터베이스 프로그램이 처리할 수 있는 범위를 넘어섰다. 기존에는 사용되지 않았던 알테릭스Alteryx 같은 빅데이터 분석 툴과 K-중심K-Centroids 분석 같은 빅데이터 분석 알고리즘을 사용한 분석 툴을 새롭게 적용했다.

결과는 놀라웠다. A사는 기존의 2가지 축만으로 구분했던 세그먼트와는 전혀 다른 8가지의 새로운 고객 세그먼트를 구분했다. 특히 특정 지역으로 운송되는 냉장 물량을 취급하는 고객군의 경우 계약 시점 대비 실제 선적 시점의 물량 차이가 공통적으로 심하게 발생하는 것을 알아내는 등 새로운 고객 특성도 발굴했다.

A사는 이러한 고객군별 특성에 기반한 새로운 가격정책을 세웠다. 계약 시점과 선적 시점의 물량 차이가 극심한 고객군의 경우에는 기준 가격은 유연하게 하면서도 물량 변동에 대한 추가 비용을 증가시켰다. 그 결과 동일 고객군에서 수익을 기존 대비 2퍼센트포인트 증가시킬 수 있었다.

(2) 누진적 가격 책정 역량 구축

누진적 가격 책정이란 특정 세품이나 서비스에 대한 고객의 지불 가치에 기반하여 상품 가격을 실시간으로 변동시키는 가격 책정 방식을 말한다. 대표적으로 아마존의 실시간 가격 측정 방식을 들 수 있다. 우버나 그랩 같은 승차 공유 업체가 출퇴근 시간 같이 혼잡한 시간의 수요·공급 분석을 기반으로 가격을 실시간 변화시키는 것도 대표 사례다.

최근에는 디지털 기술의 발전에 힘입어 B2B 산업에서도 실시간 가격 책정 방식을 적용하는 사례가 늘고 있다. 다만 대부분의 B2B 산업에서 대규모 구매를 일으키는 핵심 고객은 다양한 상품과 솔루션을 구매함과 동시에 특별 사양 등 별도의 요구 사항을 가지고 있으므로 핵심 고객에게 바로 누진적 가격정책을 실시하는 것은 어렵고 리스크 또한 높다. 그래서 많은 업체가 주로 기업의 표준 상품 및 서비스를 온라인 채널을 통해 구매하는 롱테일 고객을 대상으로 이 같은 가격정책을 적용하는 시스템을 구축했다.

유럽의 화학 업체인 B사는 상품용 플라스틱부터 엔지니어링 플라스틱까지 수천 개 이상의 다양한 플라스틱 원료를 생산하는 기업이다. 이 회사의 경우 다양한 부품을 작은 규모로 구매하는 롱테일 고객을 대상으로 별도의 영업 조직을 신설했다. 이 조직은 온라인 채널을 중심으로 판매함으로써 비용이 많이 드는 일반 영업 인력의 운영을 최소화했다. 운영비를 낮추는 대신 온라인 채널에서는 일반 채널 대비 낮은 금액으로 상품을 판매하고 대신 규격품 외에 새로운 스펙에 대한 요구는 받지 않았다. 동시에 B사는 온라인 판매 시스템을 회사 재고 시스템과 연계하여 온라인 판매 수요에 따라 실시간으로 가격이 변동하는 누진적 가격 체계를 구축했다. 이를 통해 B사는 롱테일 고객 대응을 위해 투입되는 인력 및 부대 비용을 40퍼센트 이상 절감하면서도 판매 물량 및 이익률은 기존 대비 지속 성장시키는 성과를 거두었다.

(3) 클라우드 시스템을 활용한 가격 결정 시스템 구축

클라우드 시스템을 활용한 가격 시스템 역시 디지털을 가격정책에 활용한 좋은 사례다. 그동안 많은 B2B 기업이 주문 물량이나 가격 정보 같은 민감한 고객 정보를 클라우드 시스템에 이관하는 것에 대해 매우 조심스러웠다. 그러나 프라이빗 클라우드라는 대안도 존재하고 퍼블릭 클라우드 또한 보안 기술이 비약적으로 발전함에 따라 기업 내부 망에서 데이터를 관리하는 것과 보안 수준이 비슷하거나 더 높은 수준까지 달성되었다.

반면 가격 시스템을 클라우드로 이관시킴으로써 얻을 수 있는 효과는 매우 명확하다. 가격 전략 수립을 위해 매번 영업 인력에게 현황을 파악하지 않고도 효율적으로 자료를 취합하고 분석할 수 있다. 영업 인력과 실시간으로 연동된 시스템에서 기준 가격 정보를 지속적으로 최적화할 수도 있다. 뿐만 아니라 회사 외부 또는 해외 고객사 현장에서 가격 협상을 진행하는 인력이 위치에 상관없이 고객의 요구 가격 조건이 기준 가격 조건에 부합하는지 아니면 본사 승인을 받아야 하는지 여부를 실시간으로 확인할 수 있다. 이전보다 훨씬 빠르게 고객에 대응할 수 있는 역량이 확보된 것이다.

미국의 대표적인 반도체 및 저장기기 업체인 C사는 경쟁의 심화와 함께 제조원가 상승으로 공격적인 가격정책을 유지하는 데 한계를 느끼게 되었다. 이러한 상황을 변화시키기 위해 가격 관련 인프라의 혁신을 추진했다.

먼저, 기존 가격 관련 모든 체계를 클라우드 기반 시스템으로 바꾸고 업무 프로세스를 새로운 시스템에 기반하여 완전히 변화시켰다. 가격 현황 분석 및 추적을 실시간으로 점검할 수 있는 체계를 구축하는 한편, 제품별 대시보드 및 계정별 목표 가격 대비 실현 가격을 지속 관리할 수 있는 체계를 만들어 관리 수준을 강화했다.

클라우드를 기반으로 태블릿 등 모바일 기기에서 사용할 수 있는 견적 계산 애플리케이션을 개발하여 400명의 영업 인력에게 파일럿 적용을 시작했다. 앱에 대한 현장 인력의 호응은 매우 뜨거웠다. 빠른 경우에도 수일, 늦으면 일주일에서 한 달 이상까지도 걸리던 본사의 가격 승인 없이 바로 현장에서 가격 결정이 가능해졌기 때문이다. 일정한 가이드라인 이내에만 들어오면 본사 승인을 따로 받지 않아도 되니 의사 결정 시간을 3분 이내까지 줄일 수 있었다. 애플리케이션에 고객의 다양한 요구 조건과 고객 세그먼트를 입력하면 개별적으로 맞춤화된 가격 가이드라인을 받을 수 있기 때문에 의사 결정 후 본사와 이견이 발생할 리스크 또한 획기적으로 낮출 수 있었다.

C사는 가격 시스템을 클라우드 기반으로 변환시킨 후, 클라우드 시스템이 주는 장점을 적극적으로 활용함으로써 연간 1.2조 원에 이르는 영업이익 상승을 기록했다. 지속적인 모니터링과 실시간 가격 가이드라인 제공을 통해 분기별 가격 하락률을 2퍼센트포인트까지 낮추어 분기별로 급격한 가격 하락이 당연하게 여겨지는 반도체 업계에서 달성하기 쉽지 않은 성과를 얻었다.

앞서 소개한 사례에서 볼 수 있듯이 B2B 산업도 가격 체계 및 역량을 강화하고 디지털 기술을 활용함으로써 의미 있는 수준의 성과 개선이 가능하다. 그러나 새로운 시스템을 적용하고도 기대했던 만큼의 성과 개선을 얻지 못하는 경우 또한 쉽게 찾아볼 수 있다.

많은 기업이 새로운 가격 시스템을 적용하는 과정에서 너무 제각각인 기존 데이터 정화에 어려움을 겪거나 가격 책정에 필요한 시장 및 경쟁사의 데이터를 확보하지 못하는 어려움을 겪는다. 결과적으로 현장 영업 인력이 새로운 시스템에서 제공하는 가격 가이드라인에 대한 신뢰성을 잃으면서 실제로 적용 불가능한 이론 시스템으로 전락하는 것이다.

이런 상황을 방지하고 가격 관련 역량 강화의 효과를 극대화하기 위해서는 가격정책 관련 개선 활동을 개별 과제로 추진하는 것이 아니라 종합적인 변혁의 관점에서 접근할 필요가 있다. 대표적인 가격 변혁 방법론으로 BCG의 "Pricing Enablement Journey" 7단계를 소개한다.

Step 1 _ 구체적인 가격정책 개선 기회의 정의

가장 먼저 현재 가격정책 수준에 대한 진단이 필요하다. 가격정책 성숙도 인덱스Pricing maturity index를 통해 현재 자사의 관행에 대해 경쟁업체, 유관 산업 및 타 산업의 모범 사례와 비교 평가를 진행할 수 있다. 예를 들어 한 글로벌 화학 업체의 경우, 불필요한 할인 등 산업 내 타 업체 대비 가격 예외에 대한 허용이 자사가 30퍼센트 이상 높다는 것을 알 수 있었고 이를 통해 가격 예외 수준을 최소한 산업 평균 수준으로 감소시킨다는 명확한 목표를 세울 수 있었다. 이러한 진단을 통해 파악되는 대표적인 개선 기회는 가격 인하 감소 외에도 지역별·시장별 가격 편차 최적화, 가격 인상률 확대, 글로벌 주요 고객과의 가격 협상 강화 등이 있다.

Step 2 _ 개선 기회 달성을 위한 현재 분석

개선 기회 및 기회별 목표 수준을 정한 이후에는 그것을 달성하기 위해 현재 관행, 조직 및 시스템에서 활용할 부분과 바꿔야 할 부분이 무엇인지에 대한 분석이 진행되어야 한다. 대부분의 경우 새로운 시스템이나 새로운 조직 구조 등 한 가지의 변화만으로는 목표 수준의 개선을 달성하기 어렵다. 따라서 종합적인 변화 방향의 도출이 반드시 필요하다. 대표적인 개선 방향의 사례는 다음과 같다.

- 대형 고객 대상 가격 의사 결정을 관리 감독하기 위한 다기능 가격 협의체 신설
- 핵심 가격 성과 지표를 정의, 수집 및 파악하고 이를 경영진에 실시간으로 전달하여 의사 결정에 활용할 수 있는 가격 대시보드 구축
- 가격 협의체의 의사 결정 지원 및 가격 대시보드 운영을 가능하게 하기 위해 본사 가격정책 팀 내에 전담 분석 인원 및 분석 팀

신설

- 신규 가격 책정 프로세스 및 가이드라인에 대한 영업 인력 교육 체계 구축

Step 3 _ 핵심적인 가격정책 개선 과제에 대한 파일럿 수행

변화의 방향이 정해진 이후에는 파일럿 과제를 수행함으로써 변화에 탄력을 가하고 실제 경영 환경에 적용하기 위한 피드백을 수렴해야 한다. 파일럿 과제는 일반적으로 빠른 시간 내에 결과 확인이 가능하면서도 의미 있는 수준의 영향력을 얻을 수 있는 것이 좋다. 대표적인 것이 한 지역이나 국가의 2순위 고객과 새로운 관행을 적용한 가격 협상을 진행하는 것이다. 파일럿 프로그램은 보통 3개월 내에 효과를 확인하는 것을 목표로 한다. 적용을 통해 기존 대비 협상 가격의 증가 효과가 확인되면 파일럿을 같은 지역의 다른 고객군 혹은 다른 지역의 같은 고객군으로 확대 적용하여 전체 상승 잠재력을 도출하고 여기서 얻은 교훈을 분석하여 과제 개선에 대한 피드백을 얻는다.

Step 4 _ 새로운 가격 관행, 조직 및 인프라에 대한 정의 및 단계별 구축 방안 정교화

전체 상승 잠재력이 명확해지면 파일럿을 통해 진행했던 작업을 전사적으로 확대하기 위해 구체적인 계획을 수립해야 한다.

- 각각의 역량 강화에 대한 단계적인 실행 방안 수립(예 : 향후 3년간 가격 인상 목표 및 그 실행을 위한 단계의 정의)

- 각각의 과제 및 실행 단계별로 주관 조직 및 지원 조직의 역할과 책임 구체화
- 강화된 가격 의사 결정 체계 구축을 위해 필요한 데이터 시스템, 보고 체계, 분석 툴에 대한 요구 사항 구체화
- 새로운 가격 체계의 효과성을 명확하게 측정하기 위한 측정법 설계 및 이에 맞춘 새로운 영업 인센티브 체계 설계
- 새로운 역량 강화 청사진을 실행하기 위해 필요한 주요 투자 및 투자 규모 설정

시기적인 관점에서 Step 4의 작업은 Step 3과 병행해서 진행할 수 있다.

Step 5 _ 전문성을 갖춘 중앙 가격 전담 팀의 신설 및 운영

대부분 가격과 관련한 전사적인 조직 및 시스템 변화는 그 자체만으로 기대한 효과를 발생시키기 어렵다. 특히 변화 초반에는 전사적인 가격 인프라 개선과 더불어 신규 관행을 정착시키고 효과 발생에 대한 추진력을 유지하고 추가 개선에 대한 책임을 질 수 있는 가격 전담 팀의 신설 및 운영이 반드시 필요하다.

- 신규 가격 전담 팀의 구성원은 새로운 가격 시스템을 활용할 수 있는 분석 역량과 함께 높은 수준의 팀 간 소통 능력을 갖추어야 한다.
- 팀이 반드시 가격에 대한 의사 결정 권한을 갖출 필요는 없지만 회사 경영진 및 영업 팀의 올바른 의사 결정을 위한 제안을 할

수 있는 정도의 우선순위 분석 능력과 그 근거를 설명하고 설득할 수 있는 권한 및 책임은 있어야 한다.

- 팀의 궁극적인 미션은 단순히 신규 가격 책정 체계의 실행이 아닌 조직 내 가격정책에 대한 인식 및 전략의 변화를 이끌어내는 촉매제로서의 역할이다.

Step 6 _ 가격 팀, 영업 팀, 유관 조직에 대한 교육 및 역량 강화 프로그램 수행

새로운 체계의 적용을 위해서는 당연히 가격 전담 팀뿐만 아니라 가격 결정과 관련된 타 부서 인력에게도 교육 및 역량 강화 프로그램을 진행해야 한다.

- 가격 전담 팀은 다양한 가격 책정 시나리오 모델링 등과 같은 분석 역량에 대한 교육과 부서 간에 효과적인 커뮤니케이션 확보를 위한 교육이 필요하다.
- 영업 팀에 대해서는 새로운 가격정책에 대한 교육과 새로운 가격 체계를 실제로 적용하기 위해서 통일된 고객 커뮤니케이션 가이드라인 및 주요 고객 유형별 대응 전략에 대한 교육이 필요하다.
- 영업, 마케팅 임원 및 재무, 지원, 인사 등 관리 임원도 교육이 필요하다. 새로운 가격 체계의 배경 및 달성 목표에 대한 커뮤니케이션이 필요하며 이를 달성하기 위한 각 부서별 전략 방향에 대한 공감대 확보도 동시에 이루어져야 한다.

Step 7 _ 배우고 실행하고 가르치는 과정을 통한 신규 가격 체계 체질화

Step 6에서 기술한 교육 및 역량 강화 프로그램을 일회성으로 진행해서는 목표 성과를 달성하기 어렵다. 각각의 유관 조직에서 핵심 인력부터 새로운 체계에 대한 교육을 받고 실제 업무에 적용하여 역량을 쌓은 후 각 조직 내에서 변혁의 주도자로서 다른 구성원을 다시 교육하는 선순환 체계를 설계한다. 실행 및 모니터링 체계의 구축도 변화의 시작부터 같이 설계하여 실행해야 한다. 예를 들어 새로운 가격 정책 교육을 수료하고 일정 수준 이상의 과제를 수행한 인력에게 회사에서 정한 인증certification을 부여하고 인증 대상자에게 조직 내 확산 과제를 주어서 체계적인 전사 역량 프로그램을 체질화시킨다.

Pricing Enablement Journey의 성공 원칙

Pricing Enablement Journey는 대부분의 기업이 1년에서 1년 6개월에 걸쳐서 진행하는 중장기 프로그램이다. 다양한 기업을 지원한 BCG의 경험에 기반하여 성공적인 가격 체계화를 달성한 기업에서 공통적으로 나타난 성공 원칙 6가지를 소개한다.

① 데이터를 신뢰하라 : 분석된 데이터를 기반으로 일반적인 가격정책에 이의를 제기할 때 잠재된 기회를 도출할 수 있다.

② 작은 변화를 모아 큰 성과를 도출하라 : 전 조직에 변화의 메시

지를 전달하고 모든 유관 조직에서, 신입 사원에서 임원에 이르기까지 모든 직급에서 아이디어를 도출해야 한다. 모든 조직의 관여와 작은 아이디어라도 최대한 모으는 것이 필수다.

③ 영업 관점에서 생각하라 : 새로운 가격 체계와 가이드라인, 도구는 영업에서 활용하기에 용이하고 직관적이어야 한다. 영업에 도움되는 데이터를 지속해서 발굴하고 지원해야 한다.

④ 조직의 변화에 전념하라 : 이사회, 경영진에서 중간관리자와 현업 인력에 이르기까지 변화의 필요성과 지향점을 지속적으로 전파하는 것이 핵심이다.

⑤ 성과를 공유하라 : 유관 조직의 인센티브 체계를 새로운 가격 체계와 연계하고 목표 달성 시 각 조직 내 이점을 명확히 한다.

⑥ 실행하고 보고하고 피드백하라 : 신규 가격 체계에서의 최고 성과자를 정기적으로 확인하고 이러한 성과를 경영진에 지속적으로 보고해야 한다.

PART 8

감염병 시대, 어떻게 판매할 것인가?

코로나19 시대의 뉴노멀 – 온라인 구매

크리스틴은 미국 중서부 도시 근교에 사는 35세 여성이다. 회계사인 그녀는 남편과 맞벌이를 하며 두 자녀를 키우고 있다. 평소 크리스틴은 주말에 남편과 아이들을 데리고 쇼핑몰이나 할인점에 나가 쇼핑을 즐겼고 저녁은 주로 외식으로 해결하곤 했다. 그러나 코로나19로 인해 그녀의 소비 패턴은 완전히 달라졌다. 아이들은 이제 24시간 내내 집에 있고 크리스틴 역시 재택근무로 집에서 일한다. 그 때문에 그녀의 여가 시간은 완전히 사라져버렸다. 예전에는 꼭 사야 할 것이 없어도 쇼핑몰에 방문했지만 이제는 사람이 많은 쇼핑몰이나 할인점 매장에는 자주 가지 않고 가더라도 철저한 계획을 세워 빨리 쇼핑을 마친다. 그마저도 불안하기 때문에 온라인에서 구매할 수 있는 것은 온라인 구매로 대체한다. 외출할 일이 별로 없다 보니 옷이나 사치품은 거의

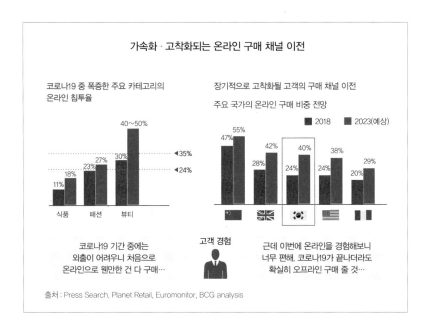

가속화 · 고착화되는 온라인 구매 채널 이전

코로나19 중 폭증한 주요 카테고리의
온라인 침투율

장기적으로 고착화될 고객의 구매 채널 이전

주요 국가의 온라인 구매 비중 전망

코로나19 기간 중에는
외출이 어려우니 처음으로
온라인으로 웬만한 건 다 구매…

고객 경험

근데 이번에 온라인을 경험해보니
너무 편해. 코로나19가 끝나더라도
확실히 오프라인 구매 줄 것…

출처 : Press Search, Planet Retail, Euromonitor, BCG analysis

사지 않지만 대부분의 식사를 집에서 해결하기 때문에 주방 용품과
식료품 구매는 확연히 늘었다.

크리스틴은 가상 인물이지만 코로나19 전후 소비자의 행동 변화를
대표한다. 감염병 시대, 건강에 대한 염려로 소비자는 건강식품이나 유
기농 식료품에 대한 지출을 늘렸다. 외출이 줄어들고 집에 머무는 시
간이 길어지면서 옷이나 신발, 가방 등에 대한 지출은 현저히 줄었다.
대신 가구, 벽지 등 집을 꾸미는 데 더 많은 돈을 소비하고 있다.

특히 눈에 띄는 변화는 온라인 채널 이용의 증가다. 식품, 패션, 뷰
티 등은 물론이고 금융과 엔터테인먼트까지, 카테고리를 막론하고 대
부분의 분야에서 온라인으로 구매 채널 이전이 급격하게 나타났다.

2009년부터 2019년까지 소매업에서 전자상거래 보급률은 미국과 영국에서 10퍼센트포인트 이상, 프랑스에서는 7퍼센트포인트 증가했다. 그런데 코로나19 발생 이후 고작 8주 만에 그 이전 10년 동안보다 크게 변했다. 미국에서는 16퍼센트에서 27퍼센트로, 영국에서는 18퍼센트에서 30퍼센트로 급격한 성장을 기록한 것이다. 식료품 배달은 무려 90퍼센트나 급등했다.

온라인 구매로의 소비 패턴 변화는 장기적으로 고착화될 것으로 보인다. 이번 사태를 통해 온라인 구매를 처음 경험한 고객 대부분이 온라인 구매의 편리성에 긍정적인 반응을 보였기 때문이다.

조사에 따르면 미국에서는 코로나19 위기가 시작된 후 소비자의 22퍼센트가 은행 온라인 셀프서비스를 처음 이용했다. 이들 중 80퍼센트는 긍정적인 경험을 했다고 밝혔다. 식료품 쇼핑의 경우에도 코로나19가 유행한 기간 동안 온라인으로 식료품을 구매한 소비자의 40퍼센트 이상이 전자상거래를 처음 사용했다. 90퍼센트의 고객은 기존보다 더 많은 온라인 쇼핑을 했고 그 경험에 만족했다고 밝혔다.

기업은 지난 10여 년 동안 소비자가 온라인 채널을 이용하도록 설득하고자 노력해 왔다. 그럼에도 불구하고 성공하지 못했던 일을 코로나19가 전례 없는 속도로 실현하고 있다. 온라인 채널을 통한 구매가 코로나19 시대의 뉴노멀로 자리 잡고 있는 것이다.

Z세대와 밀레니얼 세대를 잡아라!

전자상거래로의 전환은 Z세대와 밀레니얼 세대가 주도하고 있다. 여기서 Z세대는 16~23세, 밀레니얼 세대는 24~40세의 소비자를 일컫는다.

유행에 민감하고 디지털 사용에 익숙한 이들 세대는 위기의 순간에 행동 양식과 소비 패턴을 매우 극적으로 변화시켰다. 다음 도표는 미국, 캐나다, 영국, 프랑스 전역에서 16세 이상의 소비자 9,500명을 대상으로 진행한 설문 조사 결과를 나타낸다. 코로나19 팬데믹 기간 동안의 행동 양식과 이후 장기간에 걸친 예상 행동 양식에 대해 질문한 조사 결과로, 소비 혹은 행동의 순증가를 보여준다.

Z세대와 밀레니얼 세대는 그 위 세대와 마찬가지로 가정 내 활동에

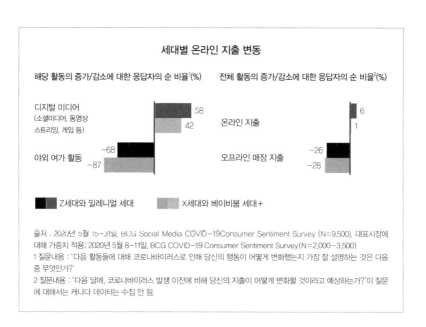

세대별 온라인 지출 변동

해당 활동의 증가/감소에 대한 응답자의 순 비율[1](%)   전체 활동의 증가/감소에 대한 응답자의 순 비율[2](%)

디지털 미디어
(소셜미디어, 동영상
스트리밍, 게임 등)   58
42

온라인 지출   6
1

야외 여가 활동   −68
−87

오프라인 매장 지출   −26
−28

■ Z세대와 밀레니얼 세대   ■ X세대와 베이비붐 세대+

출처 . 2020년 5월 15-31일, BCG Social Media COVID-19Consumer Sentiment Survey (N=9,500), 대표시장에 대해 가중치 적용; 2020년 5월 8-11일, BCG COVID-19 Consumer Sentiment Survey(N=2,000-3,500)
1 질문내용 : '다음 활동들에 대해 코로나바이러스로 인해 당신의 행동이 어떻게 변화했는지 가장 잘 설명하는 것은 다음 중 무엇인가?'
2 질문내용 : '다음 달에, 코로나바이러스 발생 이전에 비해 당신의 지출이 어떻게 변화할 것이라고 예상하는가?' 이 질문에 대해서는 캐나다 데이터는 수집 안 됨.

더 많은 시간을 쏟고 있다. 코로나19 감염 위험을 줄이기 위한 선택이다. 그 결과, 디지털 미디어 이용이 함께 늘었다. 이들은 소셜미디어에 62퍼센트 더 많은 시간을 쓰고(X세대와 베이비붐 세대는 42%), 동영상 스트리밍에는 70퍼센트(구세대는 61%), 게임에는 59퍼센트(구세대는 35%) 더 많은 시간을 할애하고 있다.

단순히 온라인 콘텐츠 이용만 증가한 것이 아니다. 코로나19 팬데믹 이후, Z세대와 밀레니얼 세대 소비자의 온라인 소비 역시 함께 늘었다. 이들 세대에서의 33퍼센트가 온라인 소비를 늘렸고 세대 전체의 온라인 소비 순증가율은 6퍼센트로 나타났다. X세대와 베이비붐 세대에서는 소비자의 23퍼센트만이 온라인 소비를 늘렸고 세대 전체에서의 온라인 소비 순증가율은 1퍼센트였던 것과 대조된다.

이 같은 전자상거래의 가속화는 2가지 차원에서 진행 중이다. 기존 상품, 서비스, 소매업체에 대한 소비를 온라인으로 전환시키는 것과 디지털 유일 혹은 디지털 우선 상품, 서비스, 소매업체의 급증이다. 전자상거래 이용에 대한 선호는 코로나19가 진정된 뒤에도 그대로 유지될 것으로 보인다.

물론 Z세대와 밀레니얼 세대 소비자는 이러한 소비 습관의 변화를 떠나 그들의 구매력과 기성세대에 미치는 영향력만으로도 기업과 마케터의 주요 고려 대상이 된다. 밀레니얼 세대는 이제 베이비붐 세대를 앞질러 가장 큰 인구 세그먼트가 되었고 특히 소비 절정 시기에 막 접어들어 그들의 1인당 지출은 앞으로 5년 동안 10퍼센트 이상 증가할 것으로 보인다. Z세대 소비자는 같은 기간 동안 1인당 소비를 70퍼센트 이상 증가시킬 것이다. 반면 X세대와 베이비붐 세대는 모두 지출을 감소시킬 것으로 추정된다. 또한 Z세대, 즉 10대 자녀를 둔 부모의 80퍼센트 이상이 그들의 자녀가 가구 지출에 영향을 준다고 답한 것을 본다면 젊은 소비자는 계속 소비 증가에 영향을 미칠 것이다.

위기의 시대에 젊은 세대는 행동 양식 및 지출에서 가장 극적인 변화를 경험했고 정상적인 시기에 비해 소비에 대한 영향력과 중요도가 더욱 커졌다. 현명한 기업은 Z세대와 밀레니얼 세대 소비자를 깊이 이해하고 그들의 변화 양식을 예측하고 마케팅 전략을 수정해야 한다. 특히 이들의 행동 양식 변화가 아직 고착되기 전에, 소비자를 확보할 가능성이 더 높은 변화 초기에 기회를 포착하고 적극적으로 투자해야 경쟁자보다 유리한 고지를 차지할 수 있다.

40대, 온라인 식품 구매의 충성고객으로

전자상거래 시장의 성장을 Z세대와 밀레니얼 세대가 주도하고 있긴 하지만 40대 이상의 중장년층 역시 무시할 수 없는 소비자층이다. 특히 식료품 시장에서는 더욱 그렇다.

국내 전체 유통시장(350조 원) 중 식료품 시장은 총 110조 원 정도로 규모가 가장 크다. 또한 식료품은 어제 샀어도 내일 또 사야 하는 품목으로 반복 구매가 잦다. 따라서 유통 기업 입장에서는 사활을 걸 수밖에 없는 분야다.

코로나19 전후 월평균 온라인 쇼핑 거래액을 비교한 결과, 식료품 부문에서는 거래액이 무려 93퍼센트나 증가한 것으로 나타났다. 삼시 세끼를 집에서 해결해야 하므로 식료품 구매가 늘었고 비대면을 선호하므로 온라인 장보기 수요가 폭증한 것이다.

가장 흥미로운 것은 코로나19를 계기로 온라인 장보기를 맛본 중장년층이 온라인 구매를 지속적으로 이용하게 된 것이다. 중장년층은 식료품 구매의 핵심 소비자층임에도 불구하고 그동안 쉽게 온라인으로 포섭되지 않았다. 고기, 수산물, 과일 등의 먹거리를 눈으로 직접 보고 구매하는 것을 선호했기 때문이다. 그런데 코로나19로 인해 어쩔 수 없이 온라인 구매를 경험하고는 '직접 보지 않고 사도 품질이 괜찮다'는 경험을 축적하면서 순식간에 온라인 장보기 고객으로 전환되었다.

또한 온라인 식료품 구매에서 찾아보기 힘들었던 충성고객이 등장하기 시작했다. 코로나19 이전까지 식료품 구매자는 특정 온라인 채널을 정해두고 이용하기보다는 여러 개 앱을 돌아가며 쓰는 행태를 보였다. 신선 식품은 주로 집 근처 오프라인 매장에서 구입하되 할인 행사에 따라 이마트, 롯데마트, GS프레시 등을 병행해서 이용했다. 직구 식품과 가공식품은 쿠팡에서, 프리미엄급 식품이나 소량 구매 제품은 마켓컬리에서 구매하는 식이었다. 그러나 온라인 장보기 횟수가 늘어나고 일상화되면서 자연스럽게 한두 개 앱에 정착하게 되었다.

온라인 식품 배송의 유료화가 정착하기 시작한 것도 큰 변화다. 극단적인 배송의 편리함을 경험함으로써 월 회비에 대한 심리적 장벽이 허물어진 것이다. 일반적인 생각과 달리 식료품 배송의 핵심은 '빠른 배송'이 아니라 '약속된 시간에 배송'하는 것이다. 실온에 오래 방치할 수 없는 식료품의 특성상 내가 집에 있는 시간, 내가 예측할 수 있는 시간에 배송되는 것이 중요하다. 새벽 배송이 무섭게 성장한 이유는 새벽에 받으면 더 신선해서가 아니라 새벽에는 고객이 집에 있을 확률이 높으므로 물건을 받아 바로 냉장고 혹은 냉동고로 물건을 옮겨 넣을 수 있다는 점 때문이었다.

비디오·라이브 커머스의 급성장

코로나19 이전부터 국내 패션·뷰티 시장에서는 특징적인 2가지 변화가 포착되고 있었다. 하나는 브랜드 업체의 온라인 침투다. 총 60조 원에 달하는 브랜드 패션의 e커머스 침투율이 10~12퍼센트에 달했고 19~22퍼센트의 연평균 성장률을 보였다.

온라인으로 판매 채널을 이전하는 트렌드는 코로나19를 맞아 더 가속화되었다. 국내 뷰티 브랜드의 온라인 침투율은 코로나19 이전에 30퍼센트였으나 2020년, 50퍼센트까지 늘었다.

또 하나 주목할 만한 변화는 바로 라이브 커머스의 대두다. 티몬의 자체 라이브 커머스 채널인 '티비온'은 2019년 5월, 론칭 당시인 2017년 9월 대비 월간 시청자 수 60배 증가, 매출 26배 증가를 기록했다. 쇼퍼블 콘텐츠 플랫폼인 스타일쉐어에서 론칭한 라이브 커머스 서비스인 스쉐라이브는 2019년 1분기 거래액이 전분기 대비 725퍼센트나

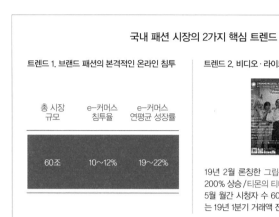

국내 패션 시장의 2가지 핵심 트렌드

트렌드 1. 브랜드 패션의 본격적인 온라인 침투

총 시장 규모	e-커머스 침투율	e-커머스 연평균 성장률
60조	10~12%	19~22%

트렌드 2. 비디오 · 라이브 커머스 대두

19년 2월 론칭한 그립은 20년 4월 전월 대비 거래액 200% 상승 /티몬의 티비온은 17년 9월 론칭 대비, 19년 5월 월간 시청자 수 60배, 매출 26배 증가/스쉐라이브는 19년 1분기 거래액 전분기 대비 725% 성장

성장했다. 2019년 2월 론칭한 라이브 쇼핑 애플리케이션 그립은 2020년 4월 거래액이 전월 대비 200퍼센트 상승했다.

이 같은 움직임은 단지 우리나라에만 국한된 것이 아니다. 일본의 이세탄 백화점은 2019년 8월부터 11월까지 이세탄 신주쿠점에서 열린 패션 스타 라이브 이벤트를 이세탄 온라인 스토어에 라이브 커머스 형태로 게재했다. 결과는 대성공이었다.

라이브 커머스의 강점은 굳이 오프라인 매장에 가지 않아도 영상을 통해 핏, 색감, 재질까지 확인할 수 있다는 점이다. 실시간 채팅을 통해 소통하고 기존의 텔레비전 홈쇼핑에 비해 원하는 정보를 더 빠르고 확실하게 얻을 수 있다. 코로나19로 인해 비접촉 비대면 쇼핑에 대한 요구가 커지는 지금, 라이브 커머스에 대한 소비자 선호는 더욱 강해질 수밖에 없다. 기존 유통 업체는 눈여겨봐야 할 움직임이다.

오프라인 매장에도 남겨진 역할이 있다

유통시장의 주도권이 온라인으로 넘어갔음은 분명하다. 코로나19가 종식되어도 되돌릴 수 없는 흐름으로 보인다. 그렇지만 오프라인 매장이 모두 사라질 것이라고는 단언할 수 없다. 온라인으로는 대체 불가능한, 오프라인 매장만의 역할이 있기 때문이다.

대표적인 것이 바로 편의점이다. 코로나19 이전까지 편의점이란 지나가다 들러서 음료나 담배 같은 간단한 물건을 사는 곳, 도시락이나 컵라면 같은 간단한 식사를 해결하는 곳이었다. 그러나 코로나19 이후 멀고 북적이는 대형 마트 대신 가급적 집에서 가깝고 사람이 적은 곳에서 소비하려는 경향이 생기면서 편의점 이용이 늘고 있다.

다만 미래의 편의점은 지금과는 달라져야 한다. 영국의 대형 유통업체인 테스코의 소형 점포 혁신 전략을 눈여겨볼 만하다. 대한민국의 편의점이 CU든 세븐일레븐이든 서초구에 있든 세종시에 있든 대동소이한 것처럼, 기존의 '테스코 익스프레스' 매장 역시 정형화된 틀에 갇혀 있었다. 그러나 2015년, 점포 입지와 주요 이용 고객의 특성에 따른 매장의 개별화가 시행되었다. 고소득층 밀집 주거지인 첼시에 있는 점포는 고가 와인 등 프리미엄 제품으로 매대를 채웠다. 대학가에 있는 점포는 간편 조리식 위주의 제품이 진열됐고 직장인 밀집지인 옥스퍼드 거리의 매장 한가운데에는 점심용으로 바로 들고 나가 먹기 좋은 델리 코너가 자리 잡았다.

오프라인 매장에서만 제공할 수 있는 고객 경험을 최대화하려는 움직임도 눈여겨볼 만하다. 미국의 캐주얼 브랜드 아메리칸이글은 오프라인 매장을 로컬 커뮤니티로 변모시켜 고객 방문을 유도한다. 매장 한편에 다양한 패치가 구비된 청바지 리폼 공간이 있고 고객이 각자의 취향에 맞게 리폼하도록 클래스까지 운영한다. 또한 매장 내에 세탁실이나 카페, 바 등을 운영하기도 한다. 나이키는 스테핑이나 점핑 게임을 할 수 있는 공간, 트레드밀, 실내 농구장 등을 갖추고 재미와 체험을 극대화한 매장을 운영하고 있다.

아마존의 무인 매장 아마존고는 또 다른 차원의 변화다. 아마존고에는 바코드를 찍는 계산대가 없다. 물건을 집어 가면 자동 결제가 이루어지는, 이른바 '그랩앤고Grab and Go' 모델이다. 핵심 기술은 비디오 분석이다. 매장 내 설치된 수백 대의 카메라가 고객의 동작 정보를 모으면 AI가 이를 분석한다. 2018년 시애틀에 시범 점포를 냈고 현재 미국의 4개 도시에서 18개 점포가 운영되고 있다. 2021년에는 3,000개까지 점포를 늘린다는 계획이다.

아마존고는 비슷한 규모의 소형 편의점보다 50퍼센트 많은 수익을 낸다고 한다. 하지만 단순히 물건 판매로 수익을 내기 위해 매장을 운영하는 것은 아니다. 진짜 목적은 온라인에서는 파악할 수 없는 고객 행동 데이터를 수집, 분석하는 데 있다. 아마존은 '100만 명에 대한 한 가지 데이터보다 한 명의 100만 가지 데이터가 더 가치 있다'고 여긴다. 아마존고는 소형 편의점 모습을 한 아마존의 오프라인 데이터 수집 거점인 것이다.

미국 최대 드럭스토어 체인인 월그린 또한 눈여겨볼 만한 사례다. 월

그린은 2019년부터 일부 매장에 스마트 디스플레이 겸 카메라와 센서를 내장한 디지털 광고판을 설치했다. 카메라와 센서가 점포를 방문한 고객의 연령, 성별 등을 추정하고 냉장고 앞에 머무는 시간이나 기타 날씨 등 외부 변수를 조합해 고객이 구매할 확률이 높은 상품의 광고를 송출한다. 오프라인 점포를 '미디어'로 활용하려는 것이 월그린의 의도다. 매장 방문 고객에게 최적의 맞춤 광고를 보여주고 해당 광고의 광고주로부터 광고비를 받는 새로운 비즈니스 모델을 만들려는 것이다.

아마존고나 월그린의 사례처럼 단순히 물건을 파는 곳이나 고객 서비스를 제공하는 곳이라는 생각에서 벗어나 오프라인 매장에 대한 새로운 정의가 필요하다. 이제 오프라인 매장은 온라인에서 주문한 제품을 픽업하는 곳, 고객과의 상호작용을 통해 브랜드 마케팅을 강화할 수 있는 플랫폼, 색다른 고객 경험을 제공하는 체험 공간, 차별적인 소비자 가치를 제공하는 공간 등으로 새로운 역할이 부여돼야 한다.

물론 오프라인 매장 운영에서 가장 중요한 것은 안전과 청결이다. BCG가 실시한 소비자 정서 조사에 따르면 2020년 7월, 소비자가 쇼핑할 곳을 결정하는 데 있어 가장 중요한 요인은 바로 '바이러스 관련 안전 조치'였다. 아무리 색다른 고객 경험을 제시한다 할지라도 안전이 보장되지 않는다면 소비자는 발걸음조차 하지 않을 것이다.

소비의 양극화 : 가치 소비의 증대

코로나19로 인해 나타난 소비 특징 중 하나는 소비의 양극화다. 경기 불황 및 코로나19로 인한 실직 등으로 저가 상품에 대한 니즈가 증가했다. 반면 소비의 양 자체를 줄임으로써 한 번의 소비에서 최대한의 가치를 누리려는 소비 질에 대한 추구도 증가했다. 이는 프리미엄 상품에 대한 요구로 나타났다. 상품의 품질이 뛰어나면 그만큼의 추가 가격을 지불할 용의가 있는 소비자가 늘어난 것이다. 자신만의 정체성을 드러낼 수 있는 차별적 소비 가치를 고려하기도 한다. 중고 제품 거래가 활성화되어 추후 재판매가 쉽고 재판매 시에 더 높은 가격을 받을 수 있는 프리미엄 상품에 대한 수요가 늘었다. 중고 명품 시장 규모는 2019년 6조 원 규모에서 2024년에는 15조 원 규모로 매년 20퍼센트 정도 성장할 것으로 예상된다.

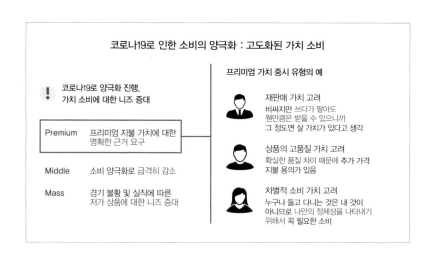

필수재가 아닌 뷰티 시장에서는 프리미엄 제품의 경우에도 시장 규모가 축소되는 추세가 나타났다. 2019년에 비해 2020년, 프리미엄 뷰티 제품 시장 규모는 마이너스 4퍼센트로 역성장했다. 그러나 아시아에서만큼은 오히려 프리미엄 시장의 성장이 더욱 가속화되는 모양새다. 코로나19 이전에 비해 더 높은 연평균 성장률을 보이고 있기 때문이다. 특히 스킨케어, 색조, 헤어 품목에 있어서 코로나19로 인한 프리미엄 중심 성장이 더욱 두드러진다.

B2B 영업 역시 달라져야 한다

코로나19 위기는 기업 고객을 대상으로 하는 B2B 영업에도 막대한 영향을 끼쳤다. 사무실과 공장의 가동 중단으로 인한 배송 취소, 지연, 직원과 고객의 재택근무와 이동 제한 등 B2B 영업 담당자는 막대한 불확실성과 고객 불만에 직면하게 되었다. 콘퍼런스나 박람회 등 전통적인 B2B 마케팅 역시 사회적 거리두기로 인해 대부분 취소되거나 축소되어 더 이상 효과적인 도구가 되지 못한다.

그러나 언제나 그렇듯 위기는 어떻게 대처하느냐에 따라 기회가 된다. 지난 4차례의 경기 침체 기간 동안 14퍼센트의 기업이 성장세를 가속화하고 수익률도 증대시켰다는 BCG의 연구 결과도 있다. 기업은 B2B 영업에 있어 현재의 위기를 기회로 전환할 수 있도록 다음과 같은 4단계 작업을 수행해야 한다.

(1) 영업 조직 안정화를 위한 즉각적 대응

가장 먼저 선행해야 할 것은 직원의 안전을 보장하고 그들의 니즈에 대응하여 모두가 업무에 집중할 수 있는 방안을 마련하는 것이다. 세계적인 감염병 대유행으로 인해 폭발적으로 증가한 불확실성과 혼란 아래서 스트레스에 노출된 직원과 지속적으로 커뮤니케이션하고 마케팅, 가격, 서비스 등 다른 조직과 긴밀하게 협력하는 것은 매우 중요하다. 직원의 상황과 심리가 안정되어야 고객 대응 역시 안정될 수 있다.

그 후에는 다양한 분야의 전문가가 모인 작전 팀을 구성해야 한다. 해당 팀은 매일 영업, 공급망, 고객, 인사, 안전 등과 관련된 리스크를 추적하고 관리하며 조직을 안정화하고 매출을 창출할 수 있는 방안을 모색하는 역할을 맡는다.

회사의 현재 상황과 한계를 명확하게 이해하는 것도 필요하다. 그렇게 해야 회사가 제공할 수 있는 제품과 서비스 수준에 대해 고객에게 투명하게 밝히고 새로운 협약을 맺을 수 있다. 불가능한 부분에 대해서는 확실하게 인정하고 밝힘으로써 신뢰를 형성하고 이후에도 고객과의 관계를 꾸준히 이어 나갈 수 있다.

마지막으로 변화된 업무 환경에 맞는 기술과 애플리케이션을 선정하여 테스트하고 보급하는 작업을 시행해야 한다. 코로나19 이후로는 B2B 영업 방식이 완전히 달라질 가능성이 크다. 대부분의 조직이 디지털 환경에서 업무하게 될 것이다. 이러한 변화를 실현하기 위해 기술과 인력에 대한 투자는 지금 당장 시작해야만 한다.

(2) 가변적인 상황을 반영한 새로운 시나리오 수립

코로나19의 경제적 영향을 정확히 파악하고 예측하기는 쉽지 않다. 그럼에도 불구하고 회사가 현재 노출된 위험과 조직의 위기 대응 준비 상태에 대해 측정하는 것은 매우 중요하다. 현장 데이터와 그 밖에 모든 관련된 지표를 수집하여 수요 공급에 대한 현실적인 판단을 내리고 대응하는 시나리오를 구성해야 한다. 만일 매출이 부진할 것으로 예상되는 시장이라면 영업 조직이 집중해야 할 주요 고객을 파악하고 고객 인사이트를 확보하기 위해 노력해야 한다. 일부의 경우겠지만 수요가 안정적이거나 증가할 것으로 예상된다면 증가세에 신속하게 대응할 방안도 모색해야만 한다. 새로운 상황을 반영하여 성과 관리 체계와 인센티브를 조정할 필요도 있다. 이를 통해 영업 인력에 동기부여를 할 수 있다.

(3) 모멘텀 회복을 위한 영업 재구상

기존과 같은 마케팅 방법은 더 이상 사용하기 어렵다. B2B 영업은 이벤트, 콘퍼런스, 박람회, 서밋Summit 등 많은 사람들이 한자리에 모이는 행사를 주요 마케팅 기법으로 활용했다. 그러나 코로나19 팬데믹으로 인해 이 같은 행사에 대한 소비자 선호가 떨어질 뿐 아니라 각종 규제로 인해 개최가 불가능한 경우가 많아졌다.

따라서 지금이 디지털 마케팅 모델로의 전환을 시도할 절호의 기회다. 마케팅 예산을 온라인 채널에 할당하고 기존 고객과의 관계를 강화하기 위한 웹이나 온라인 토론, 가상 커뮤니티 구축 등의 디지털 이벤트를 기획하고 시도해야 한다. 또한 잠재 고객을 파악하고 발전시킬 수 있도록 유료 검색, 디스플레이 광고, 검색엔진 최적화, 특정 타깃 대상 이메일 등 디지털 마케팅 기법에 대해 연구하고 실행할 조직을 구성해야 한다. 마케팅, 영업, 서비스 조직 간의 장벽을 무너뜨려 고객에 대해 좀 더 효과적으로 대응하도록 조직을 재구성할 필요가 있다.

(4) 위기 종식 후의 도약에 대한 준비

기업은 위기에 대처하는 순간에도 미래를 대비해야 한다. 영업 조직은 거리두기 또는 격리의 장기화 가능성을 고려하여 가장 보수적인 단기 수요 공급을 예측한다. 그러나 하락이 있으면 회복도 반드시 있을 것이므로 반등에 대한 대비도 동시에 진행한다. 영업 조직은 어느 정도의 수요 공급 회복이 일어날 수 있을지 예측하고 위기 종식 후 요구되는 생산능력을 실현할 방안을 모색해야 한다.

신규 고객 확보를 위해 e커머스 및 디지털 셀프서비스 등의 새로운 영업 모델 도입을 추진하고 CRM 시스템을 위한 데이터 품질 향상 등도 시행한다. 그러나 경기 반등기에 가장 중요한 우선순위는 기존 고객을 유지하고 이들에게 연쇄 판매Upselling하는 것이다. 영업 조직은 기존 고객에 집중하여 연쇄 판매 및 교차 판매 기회를 확보해야 한다.

마지막으로 영업에 대한 고객 경험과 고객 여정을 개선하는 것, 특히 디지털 기술을 활용하여 이를 실현하는 것이 중요하다. 현재의 위기는 영업 조직이 디지털화될 기회를 제공한다.

하늘이 무너져도 솟아날 구멍이 있다

코로나19로 인해 소비자의 소비 행태는 놀라울 정도로 급격하게 변했다. 여행, 외식, 항공 등의 업계는 직격탄을 맞았고 폐업도 이어졌다. 그러나 이런 위기 상황에도 기회는 반드시 찾아온다. 건강과 안전에 대한 니즈, 프리미엄 상품에 대한 수요와 디지털 채널로의 이전 등 변화하는 소비자 욕구를 파악하고 빠르게 대응한다면 기업은 이 위기의 끝에서 더 강해질 것이다.

코로나19로 인해 가장 큰 타격을 받은, 도시

4차 산업의 종합선물세트, 스마트 시티

변화하는 기업 생태계, 스마트 시티를 향해

PART 9

스마트 시티가
바꾸는 우리의 미래

지금까지 우리는 디지털 기술을 경영의 각 부문에 적용하여 기업을 어떻게 바꿀 수 있을지 그 가능성을 살펴보았다. 그러나 디지털 기술의 적용 한계는 여기서 그치지 않는다. 스마트폰, 스마트 TV 등 각종 디지털 기기와 기술이 개인의 일상을 바꾸고 빅데이터와 AI 등이 기업 현장을 바꾼 것처럼 디지털 기술은 도시에도 적용되어 우리의 삶과 일상생활을 완전히 뒤바꿀 수 있다.

코로나19로 인해 가장 큰 타격을 받은, 도시

도시는 전 세계의 절반이 넘는 인구가 거주하는 공간이자 글로벌 GDP의 80퍼센트를 창출하는, 전 세계 경제활동의 핵심이다. 코로나19로 인해 가장 큰 타격을 받은 것 역시 도시다. 코로나19가 상위 30대 국가 수도에 미친 총영향을 살펴보면 전 세계 평균에 비해 백만 명당 질병 발생 건수는 약 2배 높고, 2020년 전 세계 평균 대비 도시의 예상 GDP 손실 비율은 약 1.5배 더 높다. 거기에 많은 도시에서 재확산이 반복되면서 경제활동에는 더 심각한 영향이 미칠 것으로 예상된다.

이전의 많은 위기에서 그랬듯 도시는 학습하고 적응하며 이 위기를 이겨낼 것이다. 그 과정에서 새롭게 발생하는 변수는 기존에 진행 중이던 다양한 변화에 더해 미래의 도시 모습을 결정지을 것이다.

새로운 고려 사항 중 눈에 띄는 것은 감염 위험성이 낮은 실외 공간에 대한 선호도 증가다. 런던은 야외 체육관, 스케이트보드 공원, 팝업 아트 갤러리 등을 정비하는 2025 비전을 발표했다. 도시의 지속 가능성을 고려한 환경친화적 모빌리티와 녹지 확보 노력도 주목할 만하다. 호주는 20년 내에 재생에너지, 공유 교통, e-차량을 통해 탄소 중립에 도달하겠다는 목표를 수립했다.

그러나 미래의 도시에서 가장 중요한 것은 우리가 지금까지 끊임없이 살펴보았던 '디지털'이다. 미래의 도시는 최첨단 ICT 기술을 도시 인프라와 결합해 공공서비스부터 주거, 교통, 문화에 이르는 다양한 분야에서 사람들에게 꼭 필요한 서비스를 제공해야 한다. 바로 '스마트 시티'의 시작이다.

4차 산업의 종합선물세트, 스마트 시티

'스마트하다'라는 표현은 "똑똑하고 일을 하는 데 센스가 있다" 정도로 해석할 수 있다. 그렇다면 도시가 '스마트하다'는 것은 과연 어떤 의미일까? 도시가 사람들이 일하고 이동하고 생활하고 살아가는 공간임을 감안하면 도시가 스마트하다는 것은 사람들이 살아가는 데 있어 필요한 기능을 적재적소에서, 편리하고 똑똑하고 센스 있게 제공한다는 의미로 이해할 수 있다. 사람들이 일일이 신경 쓰고 수고하지 않더라도 도시가 알아서 잘, 미리 혹은 때마침, 꼭 필요한 것을 제공하는 것이다. 조금 더 과학적인 시각으로 스마트 시티를 바라보면 4차 산업 혁명을 이끄는 AI, 사물인터넷Internet of Things, 블록체인Block Chain 등의 기술이 교통, 에너지, 복지 등의 다양한 분야에 적용되어 시민들 삶의 질, 만족도 증진에 기여하는 커다란 통합 플랫폼이라고 정의할 수 있다. 다양한 ICT 혁신 기술을 도시 인프라와 결합해 구현하고 융합·복합할 수 있는 실험과 실재의 공간인 것이다.

오늘날 도시는 과거에 비해 다양한 형태의 사회문제가 중첩되어 나타나고 이를 해결하기 위한 사회적 비용도 기하급수적으로 증가했다. 물리적 환경 측면에서는 교통 체증, 주차 공간 부족 등의 취약한 기반 시설이 문제가 되며 건축물의 노후화, 에너지 소비 증대 및 탄소 배출량 증가 등에 따른 추가적인 사회비용이 발생한다. 산업, 경제적인 측면에서는 기존 도심이 경쟁력을 상실하며 상권이 쇠퇴하고 사회 문화적인 측면에서는 저출산, 고령화에 따른 도심 교육 시설 이용 감소, 대중교통 수요 저하 등 공공재의 비효율성이 증가되었다. 도시 쇠퇴로 인한 정체성 상실 등의 문제도 나타난다. 그렇다면 스마트 시티에서는 이런 문제에 어떻게 접근할까?

스마트 시티는 도시문제 해결 방식이 기존 도시의 방식과 다르다. 기존의 도시 관리 방식에서는 신규 인프라를 건설하거나 인력 등의 자원을 추가로 투입하여 주로 문제를 해결했다. 그러나 스마트 시티는 도시 전역에서 정보를 수집하고 이를 분석하여 꼭 필요한 곳에는 자원을 투입하지만 주로 기존 자원을 효율적으로 활용하는 방식으로 문제를 해결한다.

교통 분야에서는 새로운 도로를 건설하지 않고 이전보다 교통 혼잡을 줄일 수 있는 다양한 방법을 고민한다. 대중교통을 보다 편리하게 이용할 수 있게 하거나 앱 서비스를 통해 복잡한 도심에서 주차 공간을 빠르고 쉽게 찾도록 한다.

에너지 분야에서는 건물이나 단지의 통합적 에너지 관리 시스템을 통해 비용을 절감시키고자 한다. 태양열을 이용한 지능형 가로등을 활용하여 조명을 밝히고 부가적으로 소음이나 오염도 측정 등을 위한 센서, 불법 주정차 관리, 교통량 흐름 감지 및 제어가 가능한 카메라를 설치할 수도 있다. 여기에 모든 시민이 양질의 도시 정보를 실시간으로 받을 수 있도록 공공 와이파이 라우터도 추가할 수 있다.

환경 분야에서는 쓰레기 수거의 최적 시기와 경로를 쓰레기통에 부착된 센서를 통해 안내 받는다. 스마트그리드Smart Grid 네트워크를 활용하여 수자원 관리, 홍수 및 산불 재해 관리, 미세먼지 등 대기오염 관리도 가능하다. 또한 재난안전시스템 도입으로 사람들이 재해, 재난에 신속하게 대응할 수 있는 체계를 구축한다.

산업, 경제 분야에서는 농업, 산업, 물류 등 도시의 경제를 이끌어 가는 대부분의 산업이 센서나 네트워크 기술에 의해 자동화되고 건물 및 시설 관리에 스마트 홈서비스가 제공되면서 주민들과 작업자에게 편의를 제공한다. 전자정부는 실시간 데이터 수집 및 전달, 인터랙티브 커뮤니케이션 채널 구축을 통해 오픈 커뮤니케이션과 발 빠른 위기관리를 실행한다. 스마트 헬스 케어와 교육 부문에서는 양질의 공공서비스에 소외 받는 계층을 포용하기 위한 디지털 솔루션을 개발 중이다.

스마트 시티는 4차 산업혁명이라는 키다리 아저씨가 가져다준 모든 기술과 아이디어가 모인 종합선물세트 같다. 그러나 이것이 정말 선물일지 실제로는 별 쓸모가 없는 골칫거리가 될지에 대해서는 학자마다, 기업마다, 정부마다 생각하는 바가 다르다. 분명한 것은 스마트 시티라는 플랫폼 위에서 기술의 융·복합Technology, 민관의 협업Governance, 창의적 인적자원Human이라는 3가지 요소가 종합적으로 영향을 미치게 될 것이라는 점이다.

연구 사례(영국 런던)
함께 만드는 스마트 시티

영국 런던은 세계적으로도 손꼽히는 정치, 경제, 문화의 중심지다. 현재 런던 인구는 약 900만 명에 조금 못 미치는 수준이나 2018년 런던시 정책 보고서에 따르면 2030년 런던 인구는 빠르게 성장해 거의 1,000만 명에 육박할 것으로 예측한다. 일반적으로 인구 증가는 풍부한 인적자원 확보라는 점에서 긍정적이나 과도한 인구 증가는 교통 체증, 환경오염, 주택 부족 등 다양한 사회적 문제를 유발한다.

2018년, 사디크 칸Sadiq Khan 런던 시장은 '스마터 런던 투게더Smarter London Together' 비전을 선포하고 도시 데이터와 디지털 기술 등 첨단 기술을 활용한, 독보적 수준으로 글로벌 경쟁력을 자랑하는 런던 만들기에 돌입했다. 새로운 기술과 데이터를 기반으로 런던을 바꾸고 런던 시민들의 삶을 행복하게 하겠다는 목표로 2013년 진행되었던 '스마트 런던 플랜' 뒤를 잇는 프로젝트다. 스마터 런던 투게더 프로그램은 크게 런던의 연결성, 대응성, 협력성 향상을 지향하며 런던의 부문별 도시문제를 해결하기 위한 5가지 주요 미션을 제시했다.

1. 사용자 중심의 서비스 디자인
2. 도시 데이터의 새로운 활용
3. 세계적 수준의 연결성과 더 스마트한 도로
4. 디지털 리더십과 기술 향상
5. 도시 전반의 협력 강화

런던 곳곳을 누비는 새로운 디자인의 빨간 2층 버스도 스마터 런던 투게더의 결과물 중 하나다. 오랜 세월 런던 시민과 많은 관광객의 사랑을 받은 기존 이미지는 그대로 살리면서 곳곳에 시민들의 목소리가 담긴 디자인 및 기술 요소를 더했다. 경유와 전기를 사용하는 하이브리드 엔진을 장착해 오염 물질 배출을 줄였고 가볍고 강도가 센 신소재를 사용해 운행 연비도 대폭 높였다. 3배 더 빠르고 편리하게 탑승할 수 있게 하는 와이드 출입문을 도입하고 휠체어와 유모차 사용자를 위한 자동 경사로 또한 어느 문에서든 쉽고 안전하게 사용할 수 있게 했다. 스마터 런던 투게더의 첫 번째 미션, '사용자 중심의 서비스 디자인'을 잘 엿볼 수 있는 부분이다.

급격한 도시화는 비단 런던만의 문제는 아니다. 2015년 UN 보고에 따르면 국가별 도시화율이 대한민국 82.5퍼센트, 일본 93.5퍼센트, 미국 81.6퍼센트, 영국 82.6퍼센트다. 전 세계적으로 인구의 절반이 넘는 60퍼센트 정도가 현재 도시에 모여 살고 2050년에는 그 비중이 70퍼센트에 이를 것이라고 한다. 교통 혼잡, 대기오염, 에너지 부족, 인프라 시설과 서비스 부족 혹은 노후화, 옛 도시의 슬럼화 등 도시문제가 언제 어디서든 나타날 수 있다는 뜻이다.

복잡하게 얽혀 있는 다양한 이해관계를 잘 파악하여 잘 대응할 수 있는 '최적해Optimal Solution'는 전통적인 도시계획 방법으로는 불가능하다. 그동안 기업의 전유물로 여겼던 '4차 산업혁명'의 다양한 신기술과 창의적인 아이디어가 실제 도시 공간에서 실험되고 구현되는 '스마트 시티'를 통해 도시의 여러 난제를 현명하게 풀어 나가야 한다.

연구 사례(미국)

스마트 시티 챌린지

미국의 스마트 시티는 2015년 오바마 정부 시절, 백악관이 주도한 '스마트 시티 이니셔티브Smart Cities Initiative'를 시작으로 본격 추진되기 시작했다. 이후 미국 지자체와 시민들의 스마트 시티에 대한 열정을 한층 더 달아오르게 한 것은 미연방교통부US DOT의 스폰서십 아래 이루어진 '스마트 시티 챌린지Smart City Challenge' 사업이다.

2016년 2월, 미연방교통부는 우승 도시에 첨단 모빌리티 기술 도입을 위한 재정 지원(총 5,000만 달러)을 약속하는 사업을 발표했다. 각 도시가 스스로 교통 문제를 식별하고 도시 공간을 기술력과 아이디어를 가진 민간사업자의 리빙랩(Living Lab, 문제 해결을 위한 기술 개발, 테스트 등을 적용시킬 수 있는 살아 있는 실험실)으로 활용하게 하려는 것이다. 궁극적으로는 도시 내 전기 교통수단의 보급을 촉진하여 국가 탄소 배출 감소 전략을 지원하려는 목적이었다.

총 78개의 도시가 지원하였으며 콜럼버스Columbus시가 첫 번째 스마트 시티 챌린지 사업의 최종 대상 도시로 선정되었다. 콜럼버스시에는 교통부 예산 5,000만 달러에 지방정부 예산 1,900만 달러, 민간투자 예산 7,100만 달러를 포함하여 총 1억 4,000만 달러가 단계적으로 투자될 계획이다.

오하이오주의 중소 도시 콜럼버스는 다른 도시보다 높은 영아 사망률을 낮추면서 공공 의료 복지를 통합적으로 개선하는 것을 주요 도전 과제로 선정했다. 미국에서 첫 번째 생일을 맞이하기 전에 사망하는 아이들의 평균 비율이 0.6퍼센트인 것에 비해 콜럼버스시의 사우스 린덴 South Linden 지역은 미국 평균보다 약 4배 정도가 높았다. 또 프랭클린 Franklin 지역에서는 흑인 아이들의 영아 사망률이 백인 아이들보다 250 퍼센트 이상 높은 것으로 나타나 인종 간 불평등을 증명하는 사회문제로도 대두되었다. 시는 영아 사망률을 낮추기 위해서 산모의 출산과 신생아의 건강을 책임질 수 있는 병원으로 안전한 이동, 적합한 의료 서비스 제공, 사회적 취약 계층의 열악한 생활환경 개선이 시급하다고 설명했다. 그리고 사회적 취약 계층의 공공 의료 시설에 대한 접근성뿐 아니라 일자리 센터와 생활 복지시설 등에 대한 접근성도 개선하면서 궁극적으로는 모든 시민에게 더 나은 삶의 환경을 제공해야 한다고 주장했다. 콜럼버스시는 이를 위해 '모두를 위한 기회의 사다리Ladders of Opportunity for All'라는 비전을 제시, 도시 내 모든 교통수단을 효율적으로 연계해 시민들의 편리한 이동을 돕고 스마트 물류로 도시 경제를 활성화시켜 활기 넘치는 건강한 도시를 만들고자 했다.

트럼프 정부는 기존 오바마 정부의 스마트 시티 이니셔티브를 강화하여 2019 국정 연설을 통해 5G, AI, 첨단 제조, 양자정보과학 등 4개 우선순위 분야의 집중투자를 발표했다. 5G 네트워크 산업을 핵심 추진 과제로 선정하고 민간 부문이 주도할 수 있는 환경 조성에 집중, 활성화된 민간 개발을 통해 최소 비용을 통한 최고 효율을 추구할 것임을 선언했다. 네덜란드의 암스테르담, 스페인의 바르셀로나, 스웨덴 스톡홀름, 싱가포르, 말레이시아 쿠알라룸푸르 등 많은 도시 및 국가가 스마트 시티 성공 사례를 만들고 있지만 미국의 사례는 그 어느 나라보다도 민간 부문의 경쟁력 강화와 새로운 시도를 전폭적으로 수용, 지원하는 정부의 역할을 강조하는 전략이라는 점이 인상 깊다.

연구 사례(대한민국)
스마트 시티 챌린지

도시 공간에 정보통신기술을 적용하여 도시의 관리 및 운영 효율화를 지원하는 도시 정보화 정책 추진은 국내에서 이미 1990년대 초중반부터 시작되었다. 2000년대 초반에는 IT839 전략을 수립하여 국내 스마트 시티 모델이라 할 수 있는 유비쿼터스 도시U-City 개념을 구체적으로 도입했다. 이미 초고속정보통신망 2단계 사업이 완료(2001년)되어 세계 제일의 초고속 인터넷 보급이 가능했으며 화성 동탄을 시작으로 성남 판교, 파주 운정, 수원 광교, 김포 한강 신도시 등 제2기 신도시가 구축되기 시작했다. 시기적 상황으로 인해 제2기 신도시는 스마트 시티 콘셉트를 도입하여 관련 기반 시설을 갖추고 서비스를 제공했다.

하지만 2010년 이후 신도시 구축이 주춤하면서 우리나라가 중점을 두었던 신도시 중심의 스마트 시티 구축 모델은 한계에 도달했다. 기술, 인프라 부문에서는 해외 선진국에 견주어도 될 만한 경쟁력을 가지고 있지만 운영 및 성장 단계로의 전환이 상대적으로 늦어지면서 한국형 스마트 시티의 국제 경쟁력 및 실효성에 대한 비판이 증가했다. 국가 주도의 마스터플랜master plan식 도시계획과 하향식 의사 결정 속에서 민간 부문의 스마트 시티 관련 연구, 창업, 기존 비즈니스의 혁신 등이 활발하게 조성되지 못해 매우 안타깝다.

그런데 정부가 다시 한 번 스마트 시티 강국으로 제2의 도약을 시도했다. 앞서 살펴본 미국의 스마트 시티 챌린지 사업을 응용하여 만든 코리아 스마트 시티 챌린지 사업은 근래 가장 호응이 높았던 정부 사업으로 꼽힌다. 2019년 처음 시행된 예비 사업 대상지 공모에 48개 컨소시엄(47개 지자체)이 몰렸다. 지자체와 민간이 하나가 돼 컨소시엄을 꾸리도록 한 것도 열기에 한몫했다.

미국에서는 교통 분야에 중점을 두고 추진된 반면, 한국형 챌린지 사업은 지역 특성에 맞추어 교통, 에너지, 환경, 안전 등 다양한 분야의 문제에 문이 활짝 열렸다. 사업 규모, 지원 방식, 유형에 따라 '스마트 시티 챌린지(도시)', '스마트 타운 챌린지(커뮤니티)', '스마트 솔루션 챌린지(특정 기술 및 서비스)' 단위로 세분화되어 추진한다.

국토부는 2020년 2월, 1단계 6개 지자체의 실증 결과를 평가해 최종 사업지로 대전, 인천, 부천을 선정했고 지자체별 100억 원의 국비를 3년에 나눠 지원할 예정이다. 세 도시의 제안은 현재 저성장 기조 속 침체에 빠진 국내 기업과 젊은 스타트업이 어떤 방식으로 도시와 협업하여 스마트 시티를 향한 성장 동력을 만들어 낼지 좋은 밑그림을 보여준다.

대규모 **스마트 시티 챌린지**

사업개요 민간 기업의 아이디어로 도시 전역의 문제 해결을 위한 종합 솔루션 구축

신청주체 지자체＋민간 컨소시엄 　**대상지역** 광역, 기초(시, 군)

지원규모 **예비사업** 4곳 (15억/곳) 　**본사업** 1곳 내외(3년 300억 내외/곳, 지방비 1:1매칭)

"기업과 함께 만드는 혁신적 스마트 시티"

중규모 **스마트 타운 챌린지**

사업개요 리빙랩 등 지역 거버넌스 운영을 통해 도시 내 일정 구역 수요에 최적·특화된 솔루션
발굴·접목

신청주체 지자체   대상지역 광역, 기초(시, 군, 구)

지원규모 예비사업 4곳 (3억/곳)   본사업 3곳 내외(40억 내외/곳, 지방비 1:1매칭)

"시민이 직접 참여하는 지역 특화 스마트 시티"

소규모 **스마트 솔루션 챌린지**

사업개요 대·중규모 사업 추진이 어려운 곳을 중심으로 시민 생활과 밀접한 단일 솔루션 구축

신청주체 지자체+민간 컨소시엄   대상지역 기초(시, 군, 구)

지원규모 예비사업 ─   본사업 10곳(6억/곳, 지방비 1:1매칭)

"모두가 바로 체감하는 생활 밀착형 스마트 시티"

출처 : //smartcity.go.kr

대전광역시 : 살아 있고 생생한Live 스마트 시티

대전광역시는 LG CNS, KT와 함께 '살아 있고 가치 있는 데이터 기반의 스마트 시티'를 비전으로 민간과 공공 데이터를 통합하여 새로운 비즈니스 모델 개발 및 창업 초석이 되는 스마트 시티 생태계 조성을 목표로 한다. 첫 번째 실증 프로젝트로 낮은 공용 주차장 비율 때문에 지속적인 주차난이 발생하는 대전 중앙시장의 이용 편의성 증대 및 상권 활성화를 위하여 인근 건물 모두의 주차 정보를 통합하여 제공하는 스마트 파킹Smart Parking 서비스를 도입한다.

인천광역시 : MoD Mobility on Demand 서비스 사업

인천광역시는 현대자동차와 함께 영종 국제도시에 MoD 서비스 제공으로 대중교통 취약 지역의 이동성과 접근성을 개선하고 In-car차량 내 위치 기반 광고 및 서비스 제공 서비스, Last-mile공유형 마이크로 모빌리티 연계로 수익성 및 효율성을 개선한 사업 모델을 발굴한다. 낮은 인구 밀도와 신도시 개발의 과도기적 특징으로 인해 이동성 사각지대가 되어버린 영종 국제도시 내 여러 대중교통 취약 지역을 개선하고 관광자원 연계를 통한 수익 모델 발굴 및 지속 가능한 운영 토대를 마련한다. 기존 버스, 택시 등 운수업 사업자와 상생 모델 및 신개념 모빌리티 서비스 모델을 도출할 계획이다.

부천시 : 사회적 경제모델 및 공유 플랫폼을 통한 도시·사회문제 해결

부천시는 카카오 모빌리티와 함께 신흥동 원도심 주거지 일원에 블록체인 기술을 활용하여 주차 문제 및 교통 체증 해결을 위한 실험의 장을 구축한다. 특히 주민 주도의 사회적 마을 기업을 설립하여 이용자의 니즈가 신규 서비스에 충분히 반영될 수 있는 비즈니스 모델을 만들 예정이다. 주택 부문에서도 신재생에너지를 활용한 공공 주택을 선보일 예정이며 모든 비즈니스에는 공동체 수익 및 지역 일자리 창출로 연계될 수 있도록 구상 중이다. 전력, 통신, e-모빌리티, 주차 등 다양한 스마트 시티 서비스의 참여자가 스스로 데이터를 공유하여 질 높은 서비스를 만드는 주민자치형 플랫폼을 제공한다.

변화하는 기업 생태계, 스마트 시티를 향해

코로나19 팬데믹으로 인해 도시는 큰 타격을 입었지만 여전히 배우고 적응하며 변화해 나갈 것이다. 그러기 위해 공적 부문의 지도자는 경제 회복을 최우선으로 하는 비상 대책을 개발계획에 포함시키는 등 전략적 비전을 업그레이드해야 한다. 또한 디지털 플랫폼을 활용하여 시민들의 참여를 독려해야 한다. 아울러 비도시화, 새로운 모빌리티, 다목적 인프라 등 미래의 새로운 가능성을 고려하여 기존의 메가 프로젝트를 재검토해야 한다. 도시 운영의 현대화 역시 필수다. 코로나19 이후에도 공공서비스와 운영에 있어 디지털을 기본으로 삼고 원격 근무를 통해 더 많은 인재를 활용하고 조직을 애자일하게 운영해야 한다.

비즈니스 리더는 미래의 어젠다를 만드는 데 있어 미래 도시 형성 트렌드를 늘 염두에 두어야 한다. 업무 현장과 인재에 대한 인식, 유통과 판매 전략 등의 변화에 발맞추어 운영 모델을 혁신하고 변화하는 고객의 새로운 수요에 대응해야 한다. 인접 시장에 새로 진입하거나 민관 합작Public Private Partnership; PPP 같은 새로운 파트너십 기회를 활용하는 등 새로 떠오르는 기회를 포착해야 한다.

코로나19로 인한 도시의 중요한 변화 중 대부분은 '스마트 시티'와 관련돼 있다. 스마트 시티의 출발점인 디지털 기술은 기회, 혼란 및 경쟁을 유발하는 복합적인 방식으로 다가온다. 예를 들어 교통량 흐름 데이터 시장에서 애플과 같은 장치 제조업체, 구글과 같은 온라인 플랫폼 및 자회사 웨이즈Waze, 자동차 제조업체, 운송 장비 제조업체가 경쟁하는 동시에 협력할 것이다. 더불어 기업은 새로운 기회를 추구할 때도 기존의 고유 비즈니스에 대한 조직의 기대와 접근 방식을 재조정하여 현명한 이중 게임을 해야 한다.

BCG의 조사에 따르면 세계 스마트 시티 관련 시장 규모는 연평균 약 15~16퍼센트 성장률을 보이고 있으며 2020년을 기준으로 약 12조 5천 억 달러의 시장을 형성하고 있다. 스마트 시티 관련 영역은 에너지, 교통, 교육, 건설, 의료, 정부, 빌딩, 보안 등 소위 인간 삶의 질에 관여하는 모든 부분이라 할 수 있을 정도로 다양하다. 또 개별 기술과 비즈니스 모델의 다양성을 넘어 미주, 유럽, 아시아 등 각국, 각 도시의 현안을 고려한 맞춤형 프로젝트를 추진할 수 있다면 기업의 활동 영역은 지리적으로도 무한하다.

스마트 시티는 아직 많은 이들이 가보지 않은 미지의 영역이다. 따라서 극심한 혼란과 치열한 경쟁이 기다리고 있지만 그만큼 기회 또한 크다. 스마트 시티의 혁신적 아이디어에 시민과 고객의 변화하는 니즈를 반영하여 박차를 가한다면 코로나19와 함께 찾아온 위기를 디지털을 통해 극복할 수 있을 것이다.

브이노믹스 기업생존전략

초판 1쇄 발행   2021년 3월 15일

지은이   보스턴컨설팅그룹 코리아 오피스
펴낸이   김영범

기 획   김수연

펴낸곳   ㈜북새통·토트출판사
주 소   03938 서울시 마포구 월드컵로36길 18 삼라마이다스 902호
대표전화   02 - 338 - 0117
팩 스   02 - 338 - 7160
출판등록   2009년 3월 19일 제 315 - 2009 - 000018호
이메일   thothbook@naver.com

ⓒ 보스턴컨설팅그룹 코리아 오피스, 2021
ISBN   979 - 11 - 87444 - 63 - 3 13320